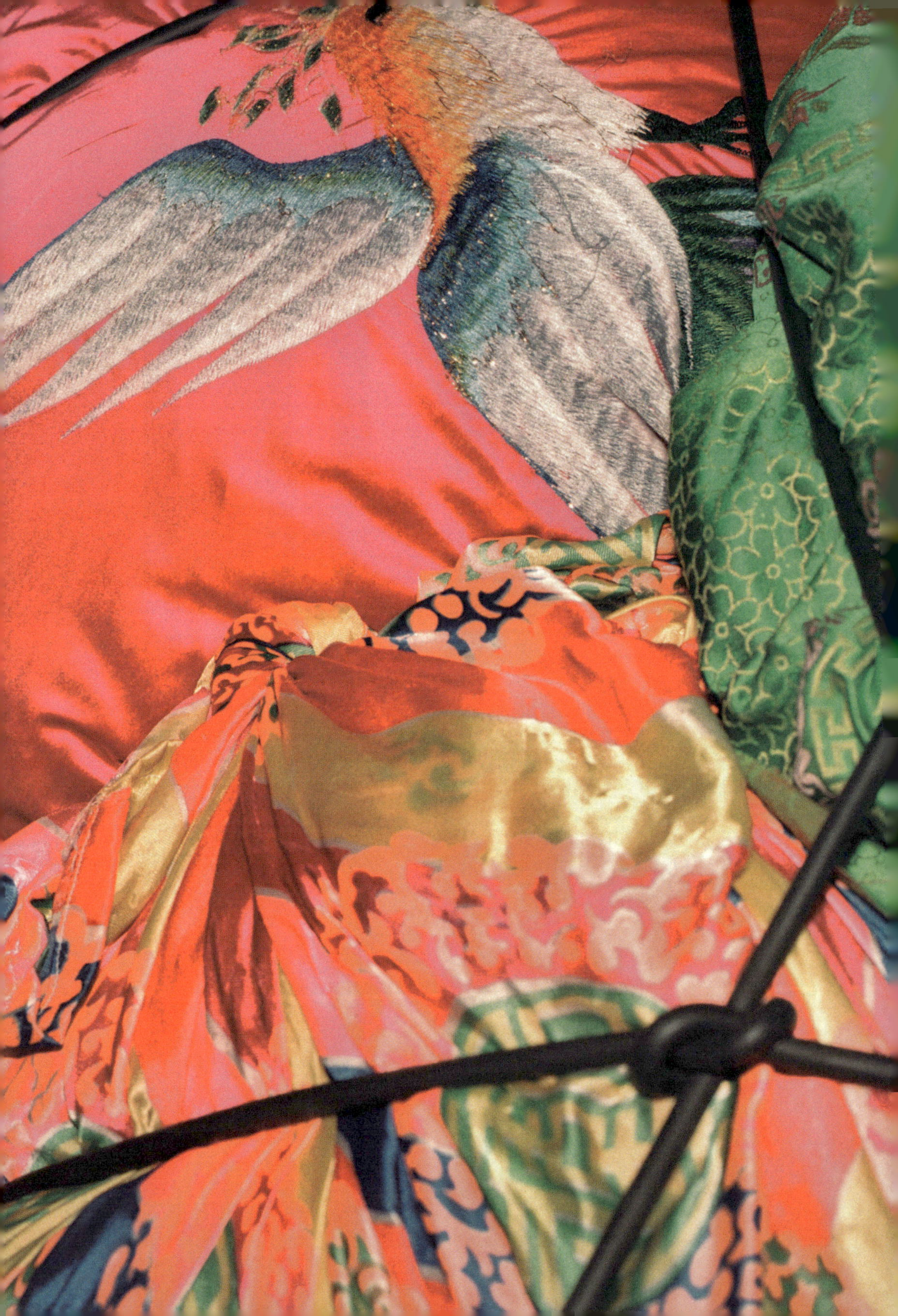

Traversées KIMSOOJA

Identité, frontière, mémoire : trajectoires artistiques à Poitiers

Identity, border, memory : artistic paths in Poitiers

SOUS LA DIRECTION DE
UNDER THE DIRECTION OF
Emma Lavigne, Emmanuelle de Montgazon

SilvanaEditoriale

sommaire
contents

artistes | artists

SAMMY BALOJI (p. 60)
né en 1978 à Lubumbashi (République Démocratique du Congo), vit et travaille à Lubumbashi et Bruxelles (Belgique)
born in 1978 in Lubumbashi (Democratic Republic of the Congo), lives and works between Lubumbashi and Bruxelles (Belgium)

MYRIAM BOUCHER (p. 116)
née à Montréal (Canada) où elle vit et travaille
born in Montreal (Canada) where she lives and works

COMPAGNIE L'HOMME DEBOUT (p. 114)
créée en 2011 et installée à Poitiers (France)
created in 2011 and based in Poitiers (France)

ENSEMBLE 0 (p. 117)
groupe français créé en 2004 et installé à Pau (France)
french band created in 2004 and based in Pau (France)

TAYLOR DEUPREE (p. 108)
né en 1971 à Brooklyn (Etats-Unis), où il vit et travaille
born in 1971 in Brooklyn (USA), where he lives and works

THOMAS FERRAND (p. 64)
né en 1982 à Caen (France), vit et travaille dans le Jura (France)
born in 1982 in Caen (France), lives and works in Jura (France)

SUBODH GUPTA (p. 30)
né en 1964 à Khagaul (Inde), vit et travaille à Delhi (Inde)
born in 1964 in Khagaul (India), lives and works in Delhi (India)

JUNG MARIE (p. 98)
née en 1975 en Corée du Sud où elle vit et travaille
born in 1975 in South Korea where she lives and works

LENIO KAKLEA (p. 54)
née en 1985 à Athènes (Grèce), vit et travaille entre Paris (France) et Athènes
born in 1985 in Athens (Greece), lives and works between Paris (France) and Athens

TADASHI KAWAMATA (p. 26)
né en 1953 à Mikasa (Japon), vit et travaille entre Tokyo (Japon) et Paris (France)
born in 1953 in Mikasa (Japan), lives and works between Tokyo (Japan) and Paris (France)

KIMSOOJA (p. 22, 34, 38, 42, 44, 45, 50, 56, 58, 72, 80, 84, 86, 88, 90, 96, 102, 106)
née en 1957 à Daegu (Corée du Sud), vit et travaille à New York (Etats-Unis) et Séoul (Corée du Sud)
born in 1957 in Daegu (South Korea), lives and works in New York (USA) and Seoul (South Korea)

LEE MINGWEI (p. 78)
né en 1964 à Taipei (Taïwan), vit et travaille entre Paris (France) et New York (Etats-Unis)
born in 1964 in Taipei (Taiwan), lives and works between Paris (France) and New York (USA)

MIN TANAKA (p. 110)
né en 1945 à Tokyo (Japon), vit et travaille à Hakushu (Japon)
born in 1945 in Tokyo (Japan), lives and works in Hakushu (Japan)

RIRKRIT TIRAVANIJA (p. 68)
né en 1961 à Buenos Aires (Argentine), vit et travaille entre Berlin (Allemagne), New York (Etats-Unis) et Bangkok (Thaïlande)
born in 1961 in Buenos Aires (Argentina), lives and works between Berlin (Germany), New York (USA) and Bangkok (Thaïlande)

TOMOKO SAUVAGE (p. 100)
née à Yokohama (Japon), vit et travaille à Paris (France)
born in Yokohama (Japan), lives and works in Paris (France)

ACHILLEAS SOURAS (p. 46)
né en 2000 à Londres (Royaume-Uni), vit et travaille à Ithaca (Etats-Unis)
born in 2000 in London (UK), lives and works in Ithaca (USA)

STEPHEN VITIELLO (p. 94, 108)
né en 1964 à New York (Etats-Unis), vit et travaille à Richmond (Etats-Unis)
born in 1964 in New York (USA), lives and works in Richmond (USA)

lieux | places

Palais des ducs d'Aquitaine

Théâtre Auditorium de Poitiers – TAP
Maison de l'Architecture
Chapelle Saint-Louis
Atelier Canopé – Chapelle des Augustins

Eglise Notre-Dame-la-Grande
Halles du Marché Notre-Dame
Rue de la Cathédrale
Cathédrale Saint-Pierre

Espace Mendès-France
Baptistère Saint-Jean
Musée Sainte-Croix
Eglise Sainte-Radegonde

Confort Moderne

POITIERS CENTRE

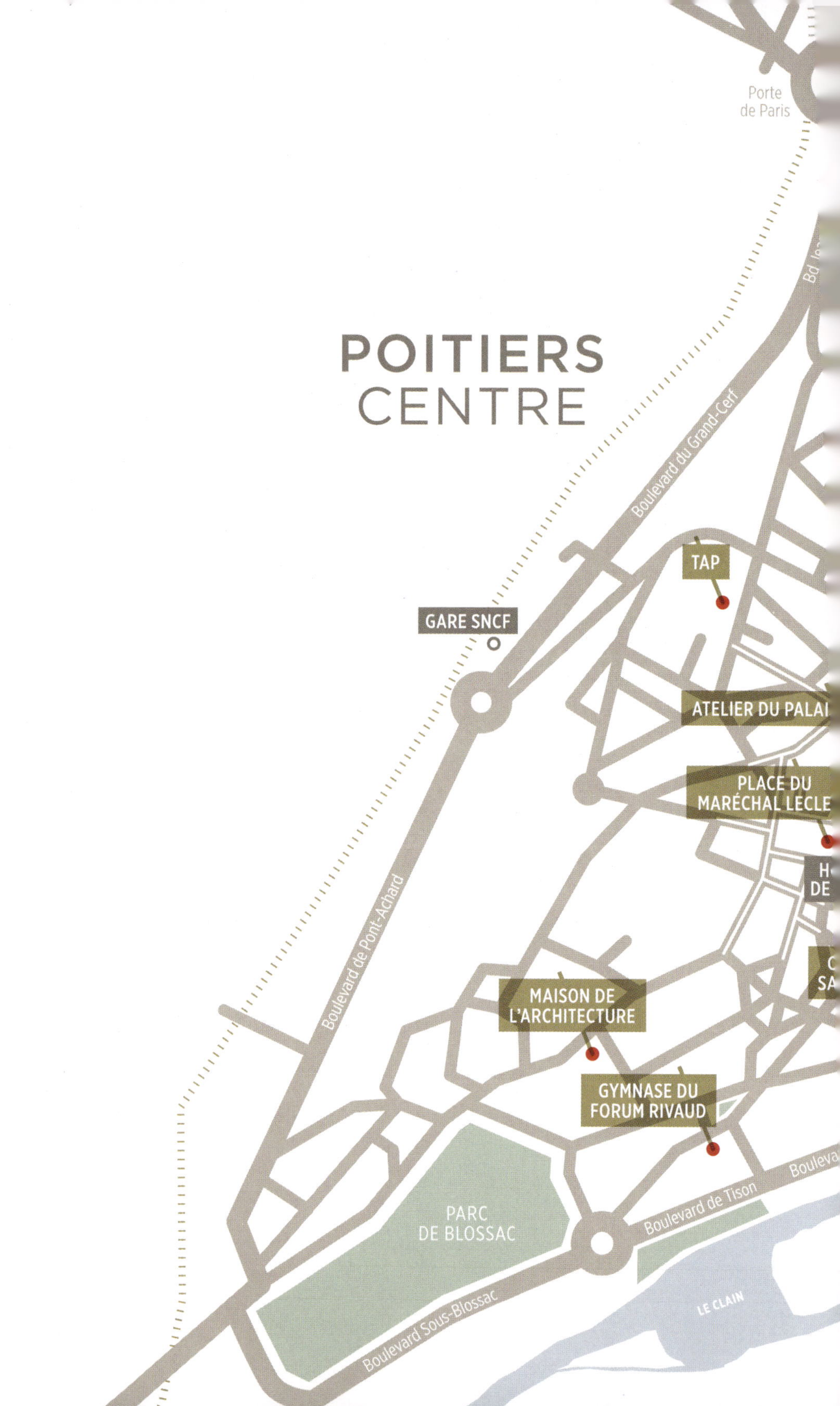

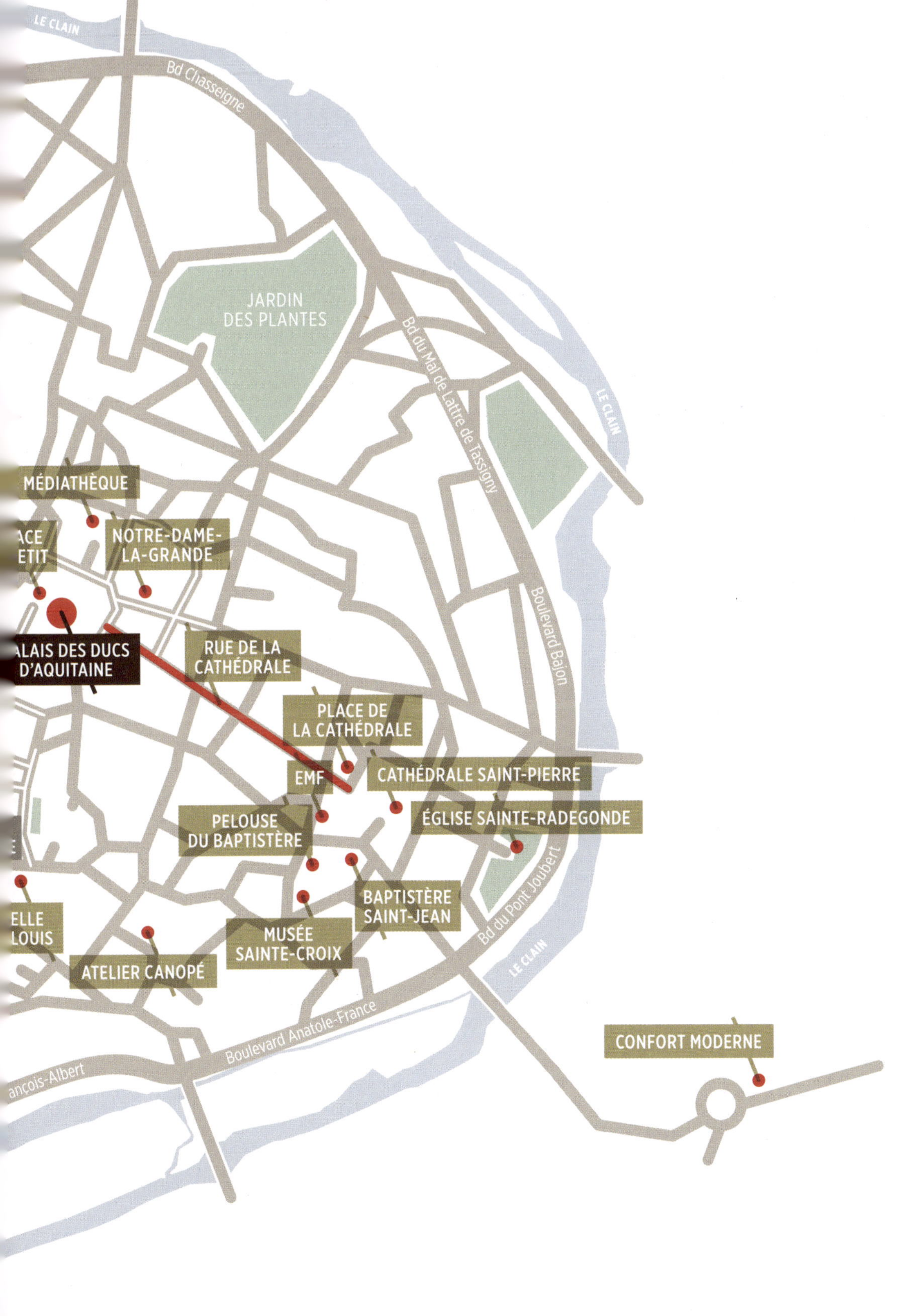

LE CLAIN
Bd Chasseigne
JARDIN
DES PLANTES
Bd du Mal de Lattre de Tassigny
LE CLAIN
MÉDIATHÈQUE
ACE
ETIT
NOTRE-DAME-
LA-GRANDE
Boulevard Bajon
ALAIS DES DUCS
D'AQUITAINE
RUE DE LA
CATHÉDRALE
PLACE DE
LA CATHÉDRALE
EMF
CATHÉDRALE SAINT-PIERRE
PELOUSE
DU BAPTISTÈRE
ÉGLISE SAINTE-RADEGONDE
Bd du Pont Joubert
BAPTISTÈRE
SAINT-JEAN
ELLE
LOUIS
MUSÉE
SAINTE-CROIX
ATELIER CANOPÉ
LE CLAIN
Boulevard Anatole-France
CONFORT MODERNE
ançois-Albert

C'est à Poitiers et nulle part ailleurs que ce projet pouvait s'imaginer et se réaliser. Parce que c'est Poitiers. *Henri Loyrette*

Il n'y avait rien plus pertinent que l'Art pour révéler Poitiers et ses richesses :
son patrimoine et son histoire, sa créativité et sa jeunesse, sa volonté d'accueil et d'ouverture à l'Autre. *Alain Claeys*

Une nouvelle traversée de la ville

230 ans après avoir abrité des fonctions judiciaires, le Palais des ducs d'Aquitaine écrit une nouvelle page de son histoire, pour devenir, à terme, la porte d'entrée symbolique de Poitiers et de Grand Poitiers.

Situé en plein cœur de Poitiers, le Palais des ducs d'Aquitaine est un édifice exceptionnel, dont l'histoire est intimement liée à la figure d'Aliénor, duchesse d'Aquitaine puis reine de France et d'Angleterre. Sa grande salle d'apparat et la Tour Maubergeon en font un des monuments majeurs de l'architecture civile médiévale française.

Après son acquisition par la Ville de Poitiers, l'édifice fera tout d'abord l'objet de fouilles et de recherches, afin de mieux connaître et comprendre son histoire. Il sera ensuite rénové pour accueillir des manifestations et projets culturels, patrimoniaux, architecturaux, commerciaux ou encore touristiques. Pour Poitiers, ville jeune et universitaire, le Palais pourrait devenir demain un lieu de rencontres et de partage entre artistes, créateurs, chercheurs et les publics les plus larges : espace d'exposition, lieu de débats, salle de concerts, living lab, cabinet de curiosité, tiers-lieu pour les entreprises, salon de lecture et de gaming, café-restaurant, hôtel...

Au-delà du Palais des ducs d'Aquitaine, c'est tout le quartier autour de l'édifice qui sera concerné par le projet. Comme il y a 30 ans, le Palais sera de nouveau traversant, mais aussi contournable par des jardins et des voies aujourd'hui inaccessibles à la population. Ce décloisonnement permettra un cheminement naturel et sans obstacle de la gare vers le quartier cathédral, reliant ainsi le Musée Sainte-Croix, le baptistère Saint-Jean et la Cathédrale Saint-Pierre avec la naissance d'une troisième place structurante pour Poitiers.

Comme en témoigne Henri Loyrette, ancien président-directeur du Musée du Louvre et co-président du Comité de pilotage du Projet du Quartier du Palais, l'idée n'est pas seulement de mettre en valeur des monuments, mais de considérer un territoire tout entier pour mieux en révéler les richesses et les secrets.

L'événement *Traversées* est l'acte fondateur du Projet du Quartier du Palais, projet patrimonial, culturel et urbanistique au long cours, dont la réalisation devrait s'étaler sur une dizaine d'années.

Sur proposition des directrices artistiques Emma Lavigne et Emmanuelle de Montgazon, Poitiers invite l'artiste sud-coréenne Kimsooja à poser son regard sur les édifices remarquables de la ville, connus ou inconnus, pour y installer des œuvres contemporaines en dialogue avec l'histoire et le patrimoine.

Traversées / Kimsooja questionne les ressorts du voyage, du déplacement et du déracinement. Pour une artiste nomade comme se définit elle-même Kimsooja, Poitiers devient une terre d'accueil. De la généreuse Villa Bloch, lieu de résidence d'artistes, aux édifices à l'histoire millénaire devenus espaces d'exposition, Kimsooja conçoit à Poitiers un projet unique, dans lequel ses œuvres et celles d'artistes complices viennent faire résonner l'histoire et l'architecture des lieux, s'articulant comme une traversée, où les chemins se croisent, bifurquent, se rencontrent.

Autour de cette invitation à Kimsooja et son univers, les acteurs culturels et les forces vives du territoire déploient différents événements en résonnance dans Poitiers et Grand Poitiers.

Ponctué de temps forts et d'événements singuliers, *Traversées / Kimsooja* invite à une nouvelle expérience de la ville, fondée sur des chemins détournés et des renversements de perspectives.

Avec *Traversées / Kimsooja*, Poitiers invite à la (re)découverte de ces édifices emblématiques et à une ouverture au monde, par des propositions artistiques contemporaines, d'ici ou d'ailleurs, qui dialogueront avec le patrimoine exceptionnel de la ville.

This project could only have been imaginable and realizable in Poitiers. Because it's Poitiers. *Henri Loyrette*

Nothing more relevant than Art could have revealed Poitiers and its riches:
its heritage and its history, its creativity and its youth, its hospitality and its openness to the Other. *Alain Claeys*

A new crossing through the city

230 years after serving a juridical function, the Palace of the Dukes of Aquitaine rewrites its history to become, eventually, the symbolic gateway to Poitiers and the Greater Poitiers area.

Located in the heart of Poitiers, the Palace of the Dukes of Aquitaine is an exceptional building, whose history is closely tied to the figure of Eleanor, Duchess of Aquitaine and Queen of France and England. Its large ceremonial hall and the Maubergeon Tower make it one of the major monuments of French Medieval civic architecture.

After its acquisition by the City of Poitiers, the building will first be excavated and explored in order to better know and understand its history. It will then be renovated as a location for cultural, heritage, architectural, commercial, and tourist events and projects. For Poitiers, a young, university city, the Palais could become a place for artists, creators, researchers, and the widest possible audience to meet: an exhibition space, a space for debate, a concert hall, a living lab, a cabinet of curiosity, a third place for companies, a reading and gaming room, a café-restaurant, a hotel...

Outside the Palace of the Dukes of Aquitaine, the entire district around the building will be affected by the project. Just like 30 years ago, it will once again be possible to walk through the Palace, as well as to bypass it through gardens and paths that are currently inaccessible to the public. This opening up will allow for a natural and unobstructed path from the train station to the cathedral district, thus linking the Musée Sainte-Croix, the baptistery Saint-Jean and the Cathedral Saint-Pierre with the birth of a third, structuring site for Poitiers.

As Henri Loyrette—former President and Director of the Louvre Museum and Co-Chair of the Steering Committee for the Quartier du Palais Project—has noted, the idea is not only to highlight monuments, but to reconsider the entire area in order to better reveal its riches and secrets.

Traversées event is the inaugural stage of the Quartier du Palais Project, a long-term heritage, cultural, and urban planning project that is expected to take about ten years to complete.

Following a proposal by artistic directors Emma Lavigne and Emmanuelle de Montgazon, Poitiers invites the South Korean artist Kimsooja to examine the city's remarkable buildings, be they known or unknown, and install contemporary works in dialogue with the city's history and heritage.

Traversées / Kimsooja questions the mechanisms of travel, displacement, and uprooting. For the self-defined nomadic artist, Poitiers becomes a place of refuge. From the generous Villa Bloch, a space for artists' residencies, to the thousand-year old buildings that have become exhibition spaces, Kimsooja has conceived a unique project in Poitiers, in which her works and those of other artists resonate with the history and architecture of the city and take the form of a crossing, a place where paths cross, branch off, and meet.

Alongside this invitation to Kimsooja and her universe, local cultural agents and active organizations will program various related events in Poitiers and the Greater Poitiers area.

Punctuated by highlights and unique events *Traversées / Kimsooja* invites you to a new experience of the city, based on diverted paths and reversals of perspectives.

With *Traversées / Kimsooja*, Poitiers invites you to (re)discover these emblematic buildings and to open yourself up to the world through contemporary artistic proposals, from here or elsewhere, in conversation with the city's exceptional heritage.

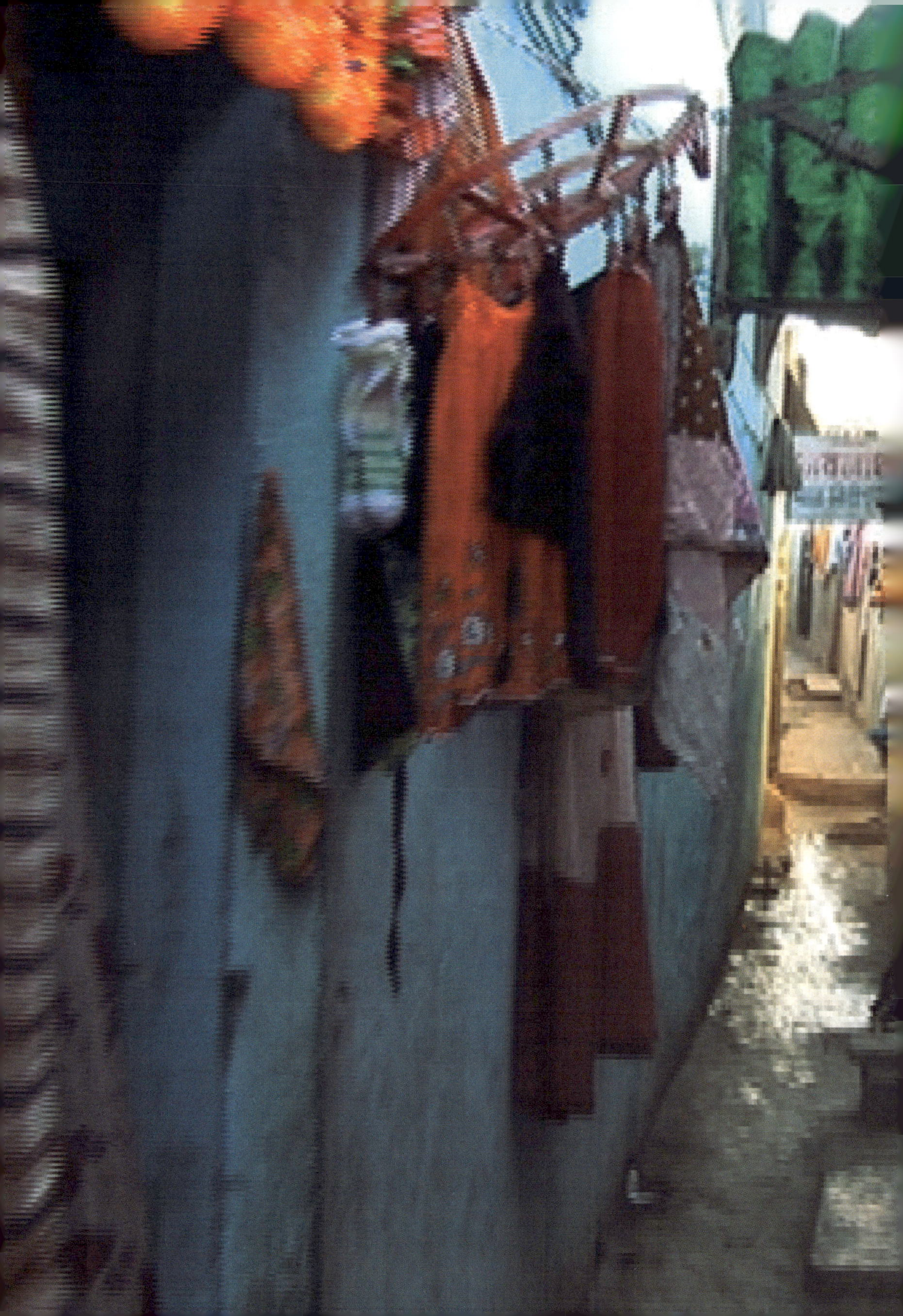

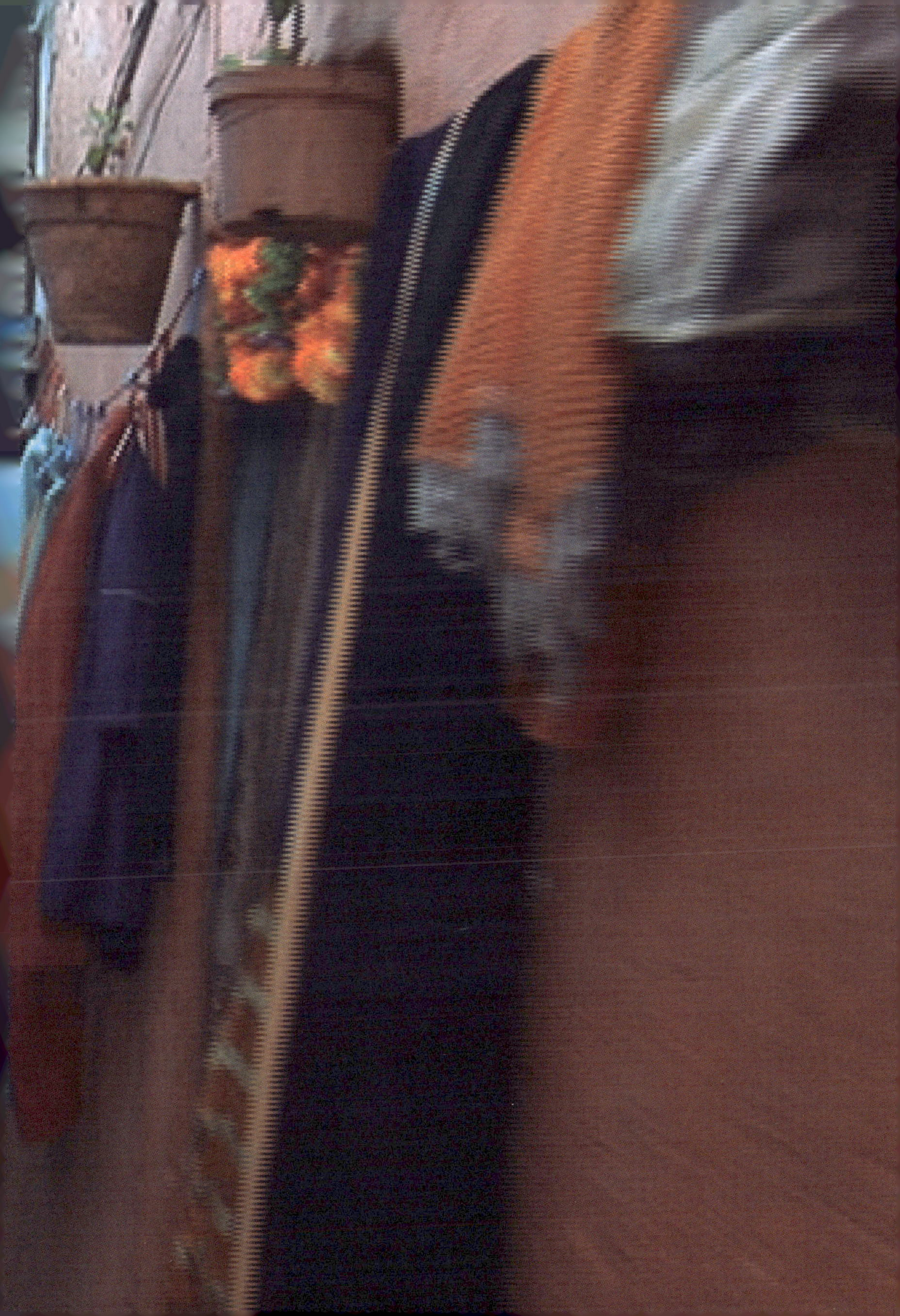

Rencontre avec une ville

« RENCONTRER LA VILLE, C'EST BIEN SOUVENT DÉCOUVRIR TOUT UN DISPOSITIF SENSORIEL, AFFRONTER UNE AGRESSION OU UNE INVASION DES SENS »[1]

Lors de sa première visite au Musée Sainte-Croix de Poitiers, Kimsooja s'arrête longuement sur la peinture de Francois Nautré *Le siège de Poitiers par l'amiral Gaspard de Coligny en 1569* (1619), portrait fidèle de la ville et véritable récit pictural. Elle est touchée par la représentation de la ville assiégée, par la précision du récit et est subjuguée par ce qui semble n'être qu'un détail : la manière dont les habitants cherchent à survivre et se protéger dans ce contexte d'état de guerre. Elle en retiendra ces pans de tissus blancs protégeant la circulation des habitants de l'ennemi aux aguets, et faisant référence à l'activité des drapiers et tisserands de la région.

Ses visites sont intimement liées à l'histoire de la ville, une histoire indissociable de son tissu culturel et social qui en font son épaisseur.

« De la mémoire à la rencontre, il n'y a qu'un pas » dit Marc Augé[2]. Ainsi Kimsooja s'attache aux histoires humaines souvent oubliées par la grande histoire. Des fastes d'Aliénor d'Aquitaine, au célèbre passage de Jeanne d'Arc, Kimsooja a préféré la figure tutélaire de Sainte Radegonde (520-587), Reine des francs « divorcée » d'un tyran qui voue le reste de sa vie de moniale aux plus pauvres. Dans l'église Sainte-Radegonde, Kimsooja s'émeut devant la sobriété de sa sépulture et des nombreuses plaques votives, certaines encore récentes, qui recouvrent la crypte sombre et le choeur. Elle retiendra tout autant la personnalité de Jean-Richard Bloch, écrivain poitevin engagé, ami de Louis Aragon et d'André Malraux, « exilé dans sa propre ville », ouvrant sa maison de La Mérigotte aux écrivains, réfugiés politiques, poètes et musiciens, devenue en 2019 la Villa Bloch, lieu de résidence d'artistes.

Kimsooja est née en Corée, pays où l'influence chrétienne est l'une des plus importantes d'Asie et coexiste en quasi-puzzle avec le Confucianisme, le chamanisme, le Taoïsme et le Bouddhisme. En choisissant la vie nomade, elle emporte avec elle les origines de sa culture dont la pensée dite de « l'Esprit-coeur » est fondée sur la recherche de l'harmonie. Cette identité culturelle mêlée à l'histoire familiale part à la rencontre de l'Autre, devenu miroir nécessaire à sa propre existence.

Dans le majestueux Palais des ducs d'Aquitaine, les hauts lieux spirituels et ceux des cultures vivantes et actuelles, Kimsooja conçoit une traversée de la ville de Poitiers à partir des principes mêmes de co-existence et d'harmonie qui irriguent l'ensemble de son travail depuis plus de trente ans.

Encounter with a City

"MEETING THE CITY, IS OFTEN TO DISCOVER AN ENTIRE SENSORY DISPOSITIF, TO FACE AN ATTACK OR INVASION OF THE SENSES."[1]

During her first visit to the Musée Sainte-Croix of Poitiers, Kimsooja stopped at length in front of Francois Nautré's painting, *Le siège de Poitiers par l'amiral Gaspard de Coligny en 1569* [The Siege of Poitiers by Admiral Gaspard de Coligny in 1569] (1619), a true pictorial account and faithful portrait of the city. She was moved by the representation of the besieged city, by the precision of the narrative, and was overwhelmed by this seeming detail: how the inhabitants sought to survive and protect themselves in this context of war. She was particularly drawn to the large swaths of white cloth protecting the inhabitants' movements from the enemies on the lookout, and referencing the work of the drapers and weavers in the region.

Her visits were closely tied to the history of the city, a history that is inseparable from its cultural and social fabric, which makes it so rich.

"It is only one step from memory to encounter," wrote Marc Augé[2]. Thus Kimsooja focuses on personal stories that are often forgotten by History. From the splendor of Eleanor of Aquitaine to the famous passage of Joan of Arc, Kimsooja preferred the tutelary figure of Saint Radegund (520-587), Queen of the Francs, "divorced" from a tyrant, who devoted the rest of her life as nun to the disenfranchised. In the church of Sainte-Radegonde, Kimsooja was moved by the sobriety of her tomb and the many votive plaques, some of which are still recent, that cover the dark crypt and the choir. She was also attached to the figure of Jean-Richard Bloch, a politically-engaged poet and writer, friend of Louis Aragon and André Malraux, "exiled in his own city," who opened his house in La Mérigotte—which has become the Villa Bloch 2019 artists' residency—to writers, political refugees, poets and musicians.

Kimsooja was born in Korea, a country where Christianity is at its most influential in Asia, while co-existing with Confucianism, Shamanism, Taoism, and Buddhism. By choosing a nomadic life, she carries with her the origins of her culture, whose belief in the "Spirit heart" is founded on the pursuit of harmony. This cultural identity mixed with family history leads to the encounter with the Other, the necessary mirror to one's own existence.

In the majestic Palace of the dukes of Aquitaine, the center of spirituality and contemporary culture, Kimsooja conceived a crossing of the City based on the very principles of co-existence and harmony that have inspired all of her work for over thirty years.

Une Traversée sensible

« La traversée réaffirme que le monde n'est pas un processus sans bavure », déclare le philosophe Jean-Godeffroy Bidima dont les travaux sur l'identité africaine s'articulent autour de cette notion qu'il envisage comme résolument plurielle. Sa définition est une promesse, tournée vers des devenirs et des excroissances, qui ouvre l'articulation entre identité, traversée et mémoire, à une constellation de possibles. Alors que la question migratoire est au cœur de nos sociétés, et que l'Occident peine à sortir du discours post-colonial, le projet *Traversées* questionne les ressorts du voyage, du déplacement, qui irriguent l'œuvre de Kimsooja et d'artistes qui, à partir de leur expérience personnelle et sans dogmatisme, captent et traduisent les flux perceptibles et invisibles d'un monde de plus en plus instable. Ce qui lie des migrations choisies et contraintes, c'est probablement l'expérience du déracinement.

Donner symboliquement les clefs de la ville de Poitiers à Kimsooja est l'acceptation sans retenue de faire de la mémoire un espace tourné vers l'avenir. C'est aussi offrir à son œuvre la possibilité d'être ré-investie, de s'ancrer dans une autre temporalité, d'y inscrire en filigrane de nouvelles lignes, tissées avec la pensée de Michel Foucault, avec la mémoire de l'ancien palais de justice, la spiritualité des lieux de culte, la générosité vibrante de la Villa Bloch… Ces traversées dessinent d'autres chemins, esquissent un nouveau chapitre dans cette cité à l'histoire millénaire, qui ne sera pas seulement racontée mais vécue et partagée. Les habitants de la ville et les visiteurs deviennent des marcheurs arpentant, sur les traces des artistes, ces bifurcations en une désorientation qui ouvre sur la vastitude du monde. Le catalogue qui accompagne *Traversées* est un guide se proposant d'accompagner cette promenade et suggère, en partant de certaines œuvres clés de l'artiste, *Bottari*, *A Needle Woman*, *To Breathe*, des cheminements qui entrecroisent l'œuvre de Kimsooja avec celle des autres artistes invités et réinvente une autre géographie.

La Corée de Jung Marie y rencontre l'Inde de Subodh Gupta, Rirkrit Tiravanija niche au cœur d'un échafaudage de bambous thaïs une maison de thé dont la cérémonie est confiée à Mai Ueda. Le New-Yorkais Stephen Vitiello révèle les sonorités enfouies de la ville de Poitiers, alors que Sammy Baloji, au sein de la Chapelle des Augustins, fait retentir les chants et mélopées d'un chœur d'enfants, ébranlant le rôle joué par l'Eglise dans l'entreprise coloniale.

La traversée est une expérience de l'altérité et de l'hospitalité et les chemins de *Traversées* sont esquissés, chacun peut inventer son propre voyage De même, les artistes qui accompagnent la proposition de Kimsooja font « saillir la vie, l'active, l'intensifie, la renouvelle »[2]. L'imaginaire de la ville se transforme à travers ces propositions singulières, tels ces repas partagés de Thomas Ferrand et Subodh Gupta ouvrant sur ses multiples temporalités historiques, sociales, collectives et individuelles. Dans ce kaléidoscope temporel, chaque mouvement, geste, respiration et regard devient un autre lieu de découverte physique et métaphysique, et constitue une mémoire partagée, tissée par ces gestes à l'image des portraits dansés de Lenio Kaklea ou des chorégraphies qui composent, au même titre que les *Thread Routes* de Kimsooja, un « lent et silencieux voyage ».

L'œuvre de Kimsooja transfigure l'espace en expérience sensible. Elle creuse l'architecture des différents édifices, y laisse advenir de nouvelles sensations, en fait vaciller la stabilité. Elle inscrit un vide dans le plein de la pierre, cet espace interstitiel essentiel à la dialectique du *Yin* et *Yang*, au rythme de la respiration, cette pulsation à la base de la vie. Inspirée

A sensitive Crossing

"Travelling reaffirms that the world is not a flawless process." These are the words of philosopher Jean-Godeffroy Bidima, whose works on African identity are built around this notion, which he deems to be resolutely plural. His definition is a promise that looks to the future and to growth, opening the fertile ground between identity, travel and memory to a constellation of new possibilities. With the issue of migration occupying a central place in society, and the West still struggling to break free from postcolonial discourse, the *Traversées* project questions the factors behind the acts of travel, movement and uprooting that fuel the work of Kimsooja and her fellow artists who, through personal experiences and without bias, are able to capture and portray the perceptible and invisible flows of an increasingly unsettled contemporary world. The common thread between voluntary nomadism and forced migration is probably found in the act of being uprooted.

To symbolically hand over the keys of Poitiers to Kimsooja is to accept that the city's memories will be transformed into a space in which to imagine the future. But it is also to offer the artist the opportunity to re-frame her work; to imbed it in a new time and space, that of a city steeped in history; to imperceptibly sketch out new lines, influenced by the ideas of Michel Foucault, by the memory of the former Palais de Justice, by the spirituality of places of worship, and by the generosity of the Villa Bloch. These "traversées" will open our eyes to new paths and will write a new chapter in this rich story, one that will not only be recounted but lived and shared, turning local residents and visitors alike into wanderers, following the paths left by the artists, routes that fork and multiply into a disorienting infinity. The catalogue accompanying *Traversées / Kimsooja* aims to guide the viewer through this journey, and to suggest through certain key works, including *Bottari*, *A Needle Woman*, and *To Breathe*, pathways that connect Kimsooja's work to that of other invited artists, and invent a new geography.

Jung Marie's Korea meets Subodh Gupta's India. Rirkrit Tiravanija nests a tea house inside a scaffolding of bamboo from Thailand, with a ceremony led by Mai Ueda. New Yorker Stephen Vitiello reveals the buried sounds of the city of Poitiers, while Sammy Baloji slows down the monotonous chants of a children's choir inside the Chapel of the Augustins, drawing out the role played by the Church in the colonial enterprise.

A "traversée" is an experience of otherness and hospitality and the paths of *Traversées / Kimsooja* are outlined, everyone can create their own journey. Similarly, the artists accompanying Kimsooja "advance life, activate it, intensify it, renew it".[3] The city, transformed by these unique works, as the shared meals of Thomas Ferrand or Subodh Gupta, progressively reveals its various historical, social, collective and individual dimensions. In this kaleidoscope, every movement, every action, every breath, every glance becomes another possibility for physical and metaphysical discovery, and constitutes a shared memory, woven together by the gestures, as the danced portraits or choreographies of Lenio Kaklea, that comprise – just like Kimsooja's *Thread Routes* – this "slow and silent journey".

Space is transfigured in Kimsooja's work, becoming a sensory experience. She hollows out the architecture of the different sites, letting new sensations in, disturbing their stability. She instils a void in the heart of the stone, that interstitial space essential to the dialectics of Yin and Yang, to the rhythm of breathing, the beat at the core of life.

par la pensée de Michel Foucault et sa définition de l'hétérotopie qui « a le pouvoir de juxtaposer en un seul lieu plusieurs espaces, plusieurs emplacements qui sont en eux-mêmes incompatibles »[4], Kimsooja, par un jeu de lumière et de miroirs, diffracte l'espace à l'image de son œuvre *To Breathe*. Ces lieux se dématérialisent, oublient le poids de l'histoire pour devenir à leur tour nomades, tels les nids de Tadashi Kawamata, des lieux sans lieux qui pour reprendre la pensée du philosophe, produisent l'écart nécessaire à de possibles utopies. Kimsooja opère un renversement métonymique de l'ordre du monde qui est une réponse esthétique à ses turbulences et violences. L'horizontalité devient instable tant elle se meut, par l'effet des miroirs, en une profondeur abyssale, conférant à l'espace une qualité atmosphérique. « Je voudrais créer des œuvres qui soient comme l'eau et l'air, qui ne peuvent être possédées mais qui peuvent se partager avec tout le monde », confie Kimsooja. A l'image de ce monde miniature contenu dans le *bottari*, l'œuvre de Kimsooja se confond avec l'espace qu'elle vient habiter. Ces tissus, films de lumière et miroirs qui composent son vocabulaire deviennent comme des corps, des membranes, des peaux sensibles, réactives et révélatrices, filtrant et diffractant les stridences de la vie urbaine, les éclats de lumières, énergies et court circuits électriques qui sillonnent le monde extérieur afin de les transformer en une expérience plastique et picturale sans cesse renouvelée.

Les œuvres des artistes invités s'immiscent dans la ville et offrent des réceptacles partagés pour des corps oppressés par les dissonances du monde qui progressivement respirent ou modèlent, telle la glaise d'*Archive of Mind*, à l'unisson. Il se dégage de ces propositions artistiques une émotion, la prise de conscience qu'à présent nous pouvons concevoir, selon les mots de Jean-Paul Sartre à la veille de la seconde guerre mondiale, « ce qu'est une émotion. C'est une transformation du monde »[5].

Emma Lavigne et Emmanuelle de Montgazon

[1] Marc Augé, *L'impossible voyage*, Paris, Editions Payot & Rivages, 1997, p. 151.

[2] *Ibidem*.

[3] François Jullien, *L'écart et l'entre. Leçon inaugurale de la Chaire sur l'altérité*, Paris, Editions Galilée, 2012

[4] Michel Foucault, *Le corps utopique* ; suivi de *Les hétérotopies*, Paris, Éditions Lignes, 19 juin 2009.

[5] Jean-Paul Sartre, *Esquisse d'une théorie des émotions*, Paris, Hachette, 1939.

Inspired by Michel Foucault and his definition of heterotopia, which "has the power to juxtapose in a single real space, several spaces, several locations which are in themselves incompatible,"[4] Kimsooja disperses space using light diffraction and mirrors, as seen in her work *To Breathe*. Her spaces are dematerialised; they shake the weight of history to become – like the artist herself – nomadic, as the nests of Tadashi Kawamata. They are spaces without space and thus, in Foucault's eyes, produce the shift required to make the coexistence of utopias possible. Kimsooja metonymically inverses the world order, her aesthetic response to the turbulence and violence she perceives. Our sense of horizontality is disturbed as it becomes warped by the effect of the mirrors into abyss-like depths, while the space takes on an atmospheric quality. "I'd like to make works that are like water and air, that cannot be owned but can be shared by everyone," explains Kimsooja. Like the miniature world contained in the "bottari", the lines between Kimsooja's work and the space that it inhabits become blurred. Fabrics, films and mirrors – the artist's vocabulary – take on the appearance of bodies or membranes, skins that sense, react and reveal, that filter and diffract the commotion of urban life, the ashes of light, energy and electric short circuits that punctuate the outside world, transforming them into a constantly self-renewing visual and pictorial experience.

The works by the guest artists infiltrate city life, offering shared vessels for beleaguered bodies, worn down by the inconsistencies of the world, gradually breathing in unison or moulding, as is the case with the clay spheres of *Archive of Mind*. An emotion is released from these works; the realisation that we can now conceive, to borrow the words of Jean-Paul Sartre on the eve of the Second World War, "what an emotion is. It is a transformation of the world."[5]

Emma Lavigne and Emmanuelle de Montgazon

[1] Marc Augé, *L'impossible voyage*, Paris, Editions Payot & Rivages, 1997.

[2] *Ibidem*.

[3] François Jullien, *L'écart et l'entre. Leçon inaugurale de la Chaire sur l'altérité*, Paris, Editions Galilée, 2012

[4] Michel Foucault, *Le corps utopique* ; *Les hétérotopies*, Paris, Éditions Lignes, 19 June 2009.

[5] Jean-Paul Sartre, *Esquisse d'une théorie des émotions*, Paris, Hachette, 1939.

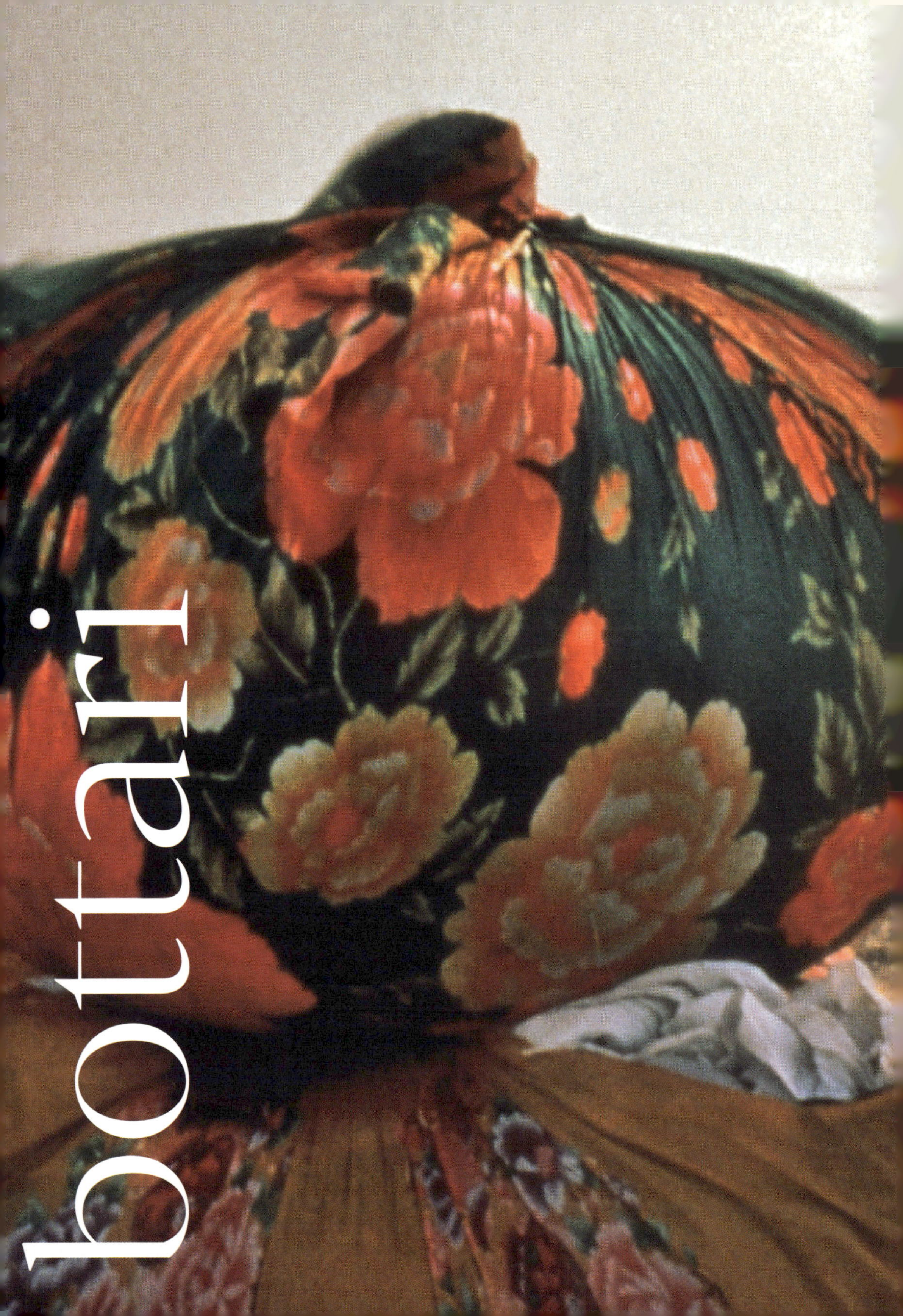
bottari

Le *bottari* n'est pas juste un objet esthétique ou formel, il est plutôt fait à partir de la réalité de notre vie

Bottari is not just an aesthetic or formal object, but something made from the reality of our life

Kimsooja

KIMSOOJA
TADASHI KAWAMATA
SUBODH GUPTA
ACHILLEAS SOURAS

KIMSOOJA
Archive of Mind, 2019

En écho aux banquets qui autrefois s'y déroulaient, Kimsooja dispose, au sein de la salle des pas perdus du Palais des ducs d'Aquitaine, une grande table elliptique agrémentée de boules d'argile, formées peu à peu par les visiteurs. Au creux de leurs paumes, la matière se métamorphose en sphères tandis que les mains pressent, recouvrent et roulent la glaise, en un ensemble de gestes rappelant ceux nécessaires à l'élaboration d'un *bottari,* le baluchon coréen traditionnel. Constituée de terre et d'eau, chaque boule s'apparente à une planète qui, en se démultipliant, forme une constellation. Au fur et à mesure que le globe se façonne, tous les gestes se concentrent vers le centre, l'esprit entre dans un état de méditation et « la matérialité se transforme en immatérialité et en vide » selon Kimsooja. Rouler et polir ces sphères devient ainsi un rituel, renforcé par l'argile qui, dans les mythes religieux sur l'origine du monde, a été le réceptacle du souffle divin, la matière première du corps humain. Des sons évoquant les mouvements cosmiques s'élèvent alors que s'entremêlent le bruit des boules d'argiles qui roulent à la sonorité rauque des gargarismes de l'artiste. Kimsooja conjugue deux lignes sonore : la trajectoire horizontale des sphères de glaise et celle verticale de l'eau qui coule dans le corps humain qui figurent symboliquement une croix, une intersection, un espace de rencontre, d'échanges et de partage.

L.G.

Echoing the banquets that once took place in the salle des pas perdus of the Palace of the dukes of Aquitaine, Kimsooja has placed a large elliptical table in this room, installed with spheres of clay that are produced over time by visitors. The material is transformed into spheres in the palm of their hands, as they press, cover, and roll the clay—a set of gestures reminiscent of those required to make a *bottari,* the traditional korean bundle. Consisting of earth and water, each ball resembles a planet, forming stellar constellations as they multiply. As the globe takes shape, all the gestures gather towards the center, the mind enters a state of meditation and "materiality is transformed into immateriality and void" according to the artist. Rolling and polishing the clay becomes a ritual, like religious myths about the origin of the world where clay was the receptacle for divine breath, the raw matter of the human body. Sounds evoking cosmic movements rise, as the sound of the clay balls rolling intertwines with the hoarse sound of the artist's gargle. Kimsooja combines two vectors of sound: the horizontal trajectory of the clay spheres and the vertical trajectory of the water flowing through the human body. Symbolically these sounds represent a cross, an intersection, a space of encounter, exchange, and sharing.

L.G.

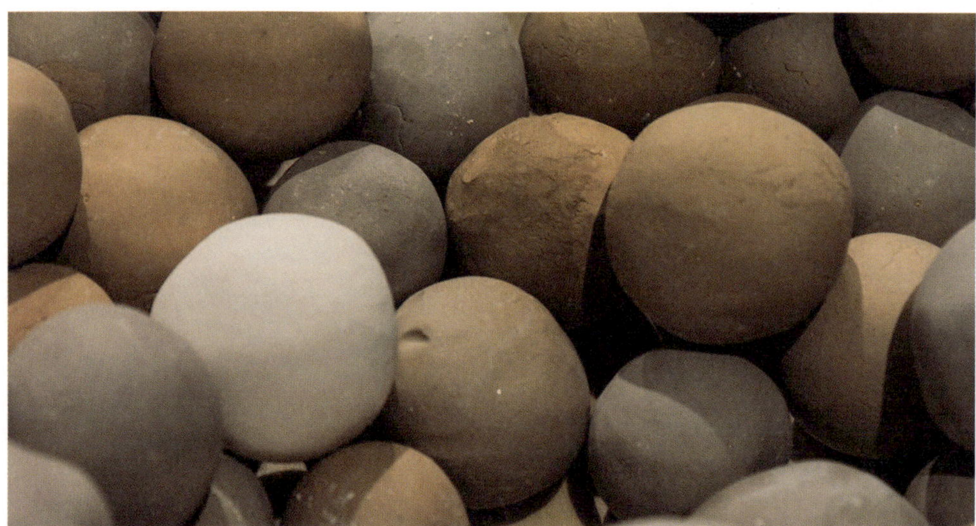

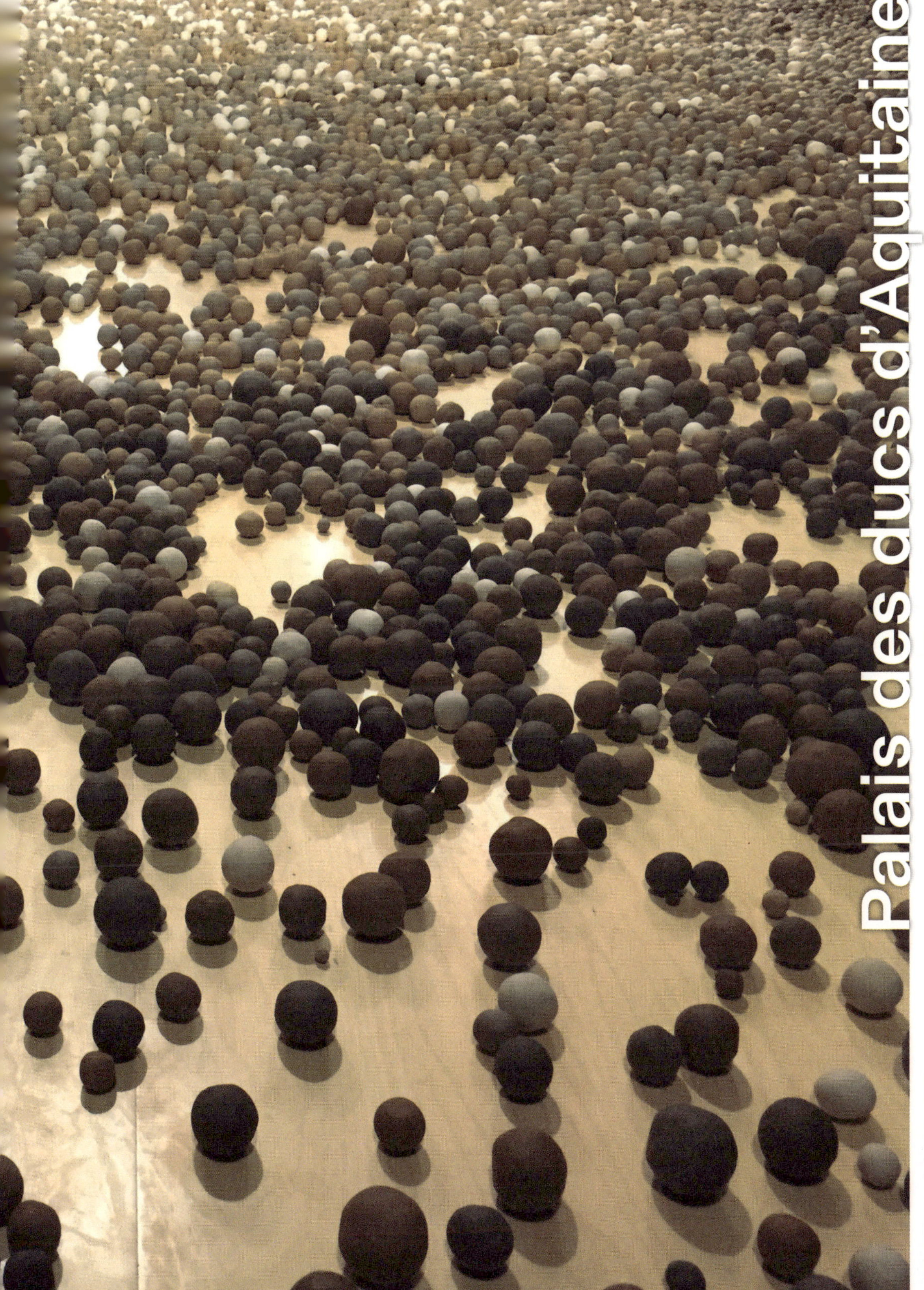
Palais des ducs d'Aquitaine

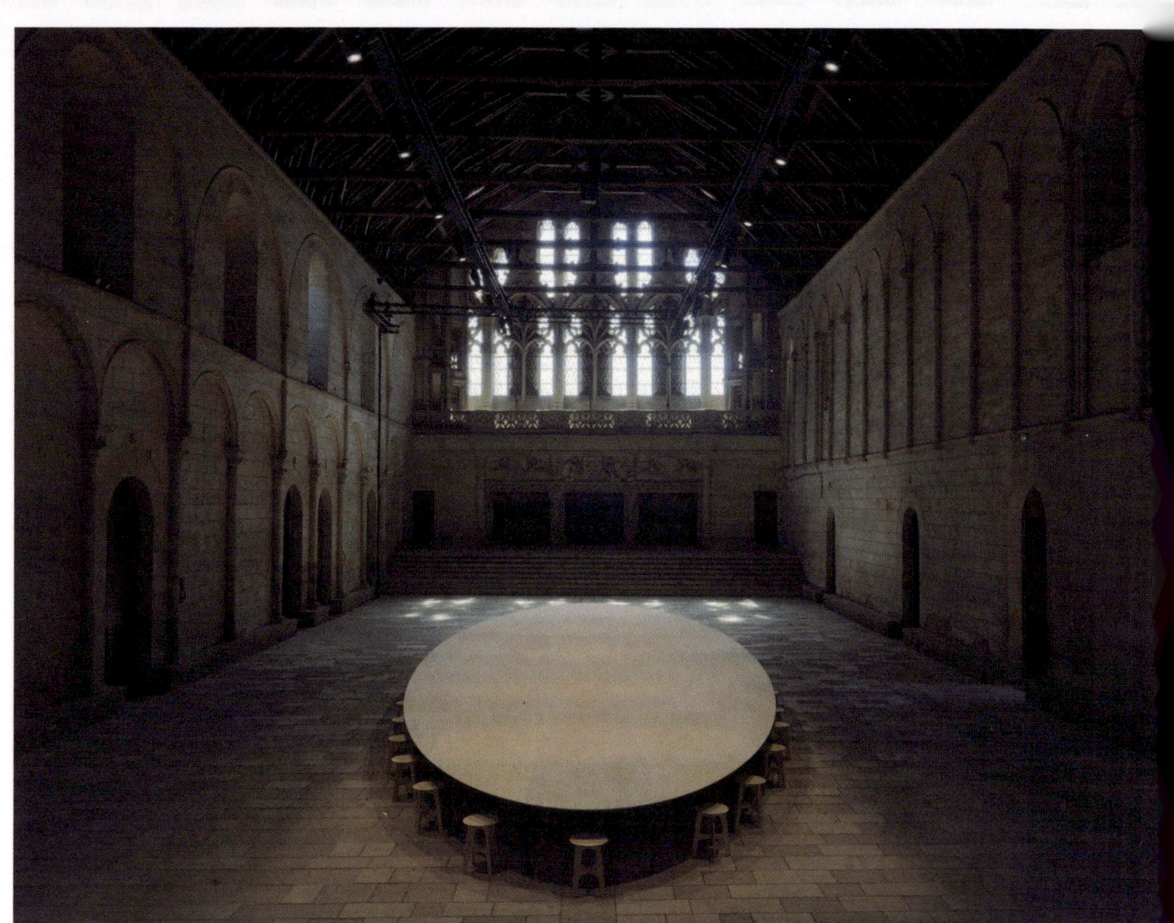

Palais des ducs d'Aquitaine

Résidence des comtes de Poitou - ducs d'Aquitaine, le Palais est l'un des plus remarquables ensembles d'architecture civile médiévale en France. La grande salle, à la fois lieu de vie, de fêtes et de justice, est construite vers 1200 sous le règne d'Aliénor d'Aquitaine. Au XIVe siècle, elle est agrémentée par Jean de Berry de cheminées richement ouvragées et de larges baies. Devenu Palais de Justice à la Révolution française jusqu'en 2019, le Palais est pour la première fois offert aux visiteurs à l'occasion de *Traversées / Kimsooja*.

The former residence of the Counts of Poitou - dukes of Aquitaine, the Palace is one of the most remarkable examples of medieval civic architecture in France. The great hall, which served as a space for living, celebrations, and law, was built around 1200 under the reign of Eleanor of Aquitaine. In the 14th century, Jean de Berry outfitted it with richly decorated fireplaces and large bays. Having served as a Court House from the French Revolution until 2019, the Palace is open to visitors for the first time on the occasion of *Traversées / Kimsooja*.

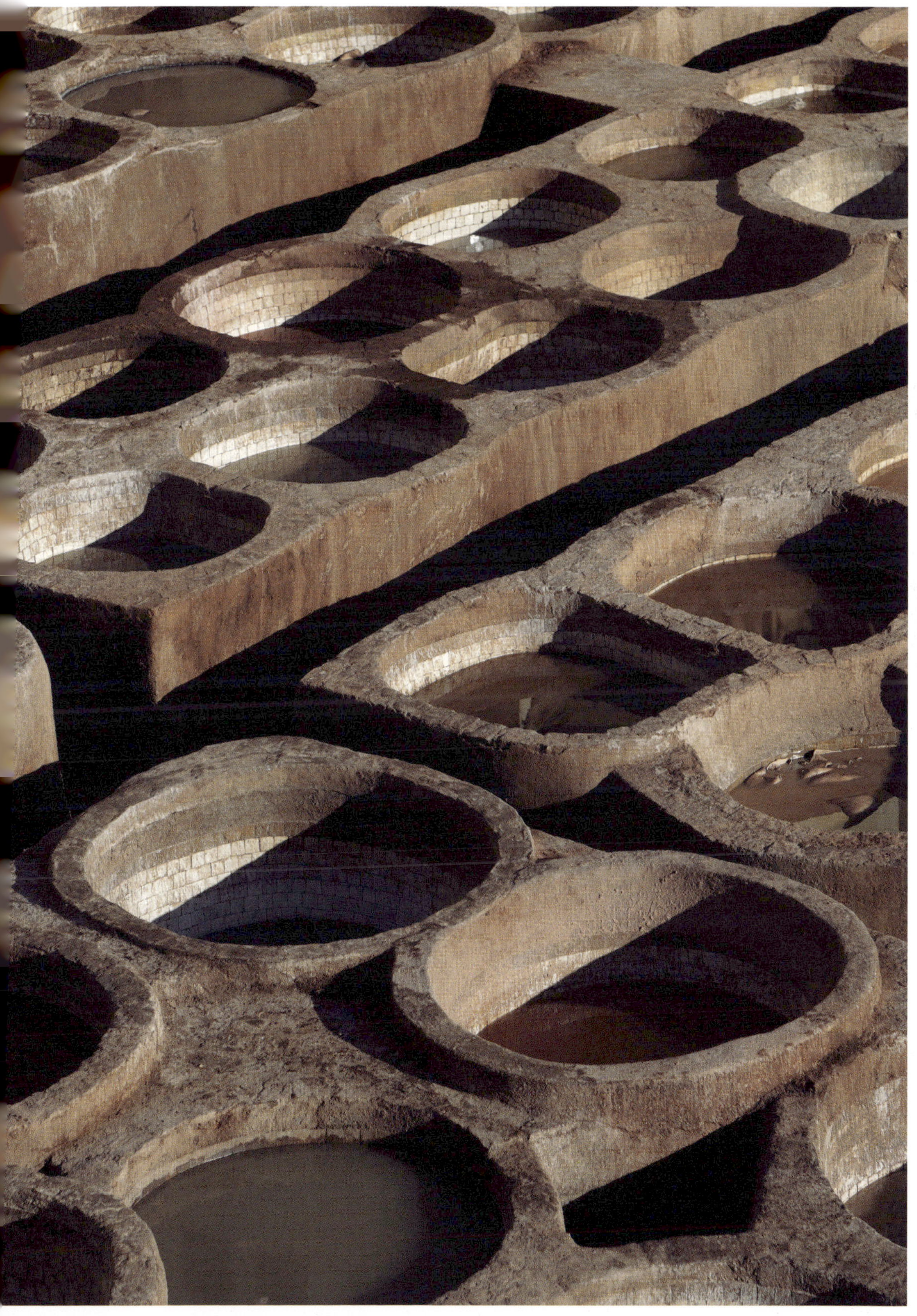

TADASHI KAWAMATA
Nest, 2019
Exit Tunnel, 2019

Sculpteur d'architecture, l'artiste japonais Tadashi Kawamata crée des ponts, des chemins de traverse mais aussi des cabanes et des nids dans les espaces urbains qu'il est invité à investir. Bois, cartons, vieux journaux, chaises abandonnées ou encore cagettes usagées sont pour l'artiste une matière intarissable avec laquelle il crée des excroissance qui viennent métamorphoser les villes. Niché contre une des colonnes du Palais des ducs d'Aquitaine de Poitiers, son nid (*Nest*) transforme l'architecture du lieu et s'offre aux yeux des visiteurs dès l'entrée imposante de l'édifice. En contrepoint avec la minéralité du bâtiment et de la ville toute entière, ce fragile cocon de bois évoque une certaine précarité, inspiré des favelas du Brésil, des logements de fortune des sans-abris mais aussi des habitations éphémères apparues au Japon, symboles d'impermanence dans un pays en proie aux catastrophes écologiques. Son refuge temporaire, qui ne survivra qu'à travers les souvenirs et les archives, perturbe l'ordre établi dans une démarche à la fois politique et poétique. Cet amas de planches de bois ajoute une strate dans l'histoire d'un lieu dont les origines remontent au XIIe siècle, tel un palimpseste à ciel ouvert sur lequel Tadashi Kawamata laisse sa trace. L'artiste joue également de la nouvelle configuration du Palais des ducs d'Aquitaine qui, après avoir été libéré de ses fonctions judiciaires, peut à nouveau être traversé de part et d'autres par les habitants et les visiteurs, à l'occasion de *Traversées / Kimsooja*. Sensible à cette notion de passage, Tadashi Kawamata prolonge également la sortie du bâtiment d'un tunnel en bois, à envisager comme l'extension d'un passage encore secret, d'un lieu intermédiaire entre intérieur et extérieur.

L.G.

As an architectural sculptor, the Japanese artist Tadashi Kawamata creates bridges, crossroads, huts, and nests in the urban spaces he is invited to intervene in. Wood, cardboard, old newspapers, abandoned chairs, and used crates serve the artist as an inexhaustible source of material with which to create protrusions that transform cities. Nestled against one of the columns of the Palace of the dukes of Aquitaine in Poitiers, Kawamata's *Nest* transforms the architecture of the site and can be seen by visitors from the imposing entrance of the building. As a counterpoint to the mineral quality of the building and of the city as whole, this fragile, wooden cocoon evokes a certain precariousness, inspired by Brazilian favelas, makeshift homeless dwellings, and the ephemeral dwellings that have recently appeared in Japan—symbols of impermanence in a country endangered by ecological disasters. The artist's temporary refuge, which will survive only in memories and archives, politically ad poetically disrupts the established order. This pile of wooden planks adds a layer to the history of a site whose origins date back to the 12th century, like an open-air palimpsest on which Tadashi Kawamata leaves his mark. The artist also plays with the new configuration of the Palace of the dukes of Aquitaine which can once again be traversed by residents and visitors, during *Traversées / Kimsooja*, now that no longer serves a judicial function. Sensitive to this notion of passage, Tadashi Kawamata also extends the exit to the building by way of a wooden tunnel, which serves as the extension of a still secret passage, an intermediate place between inside and outside.

L.G.

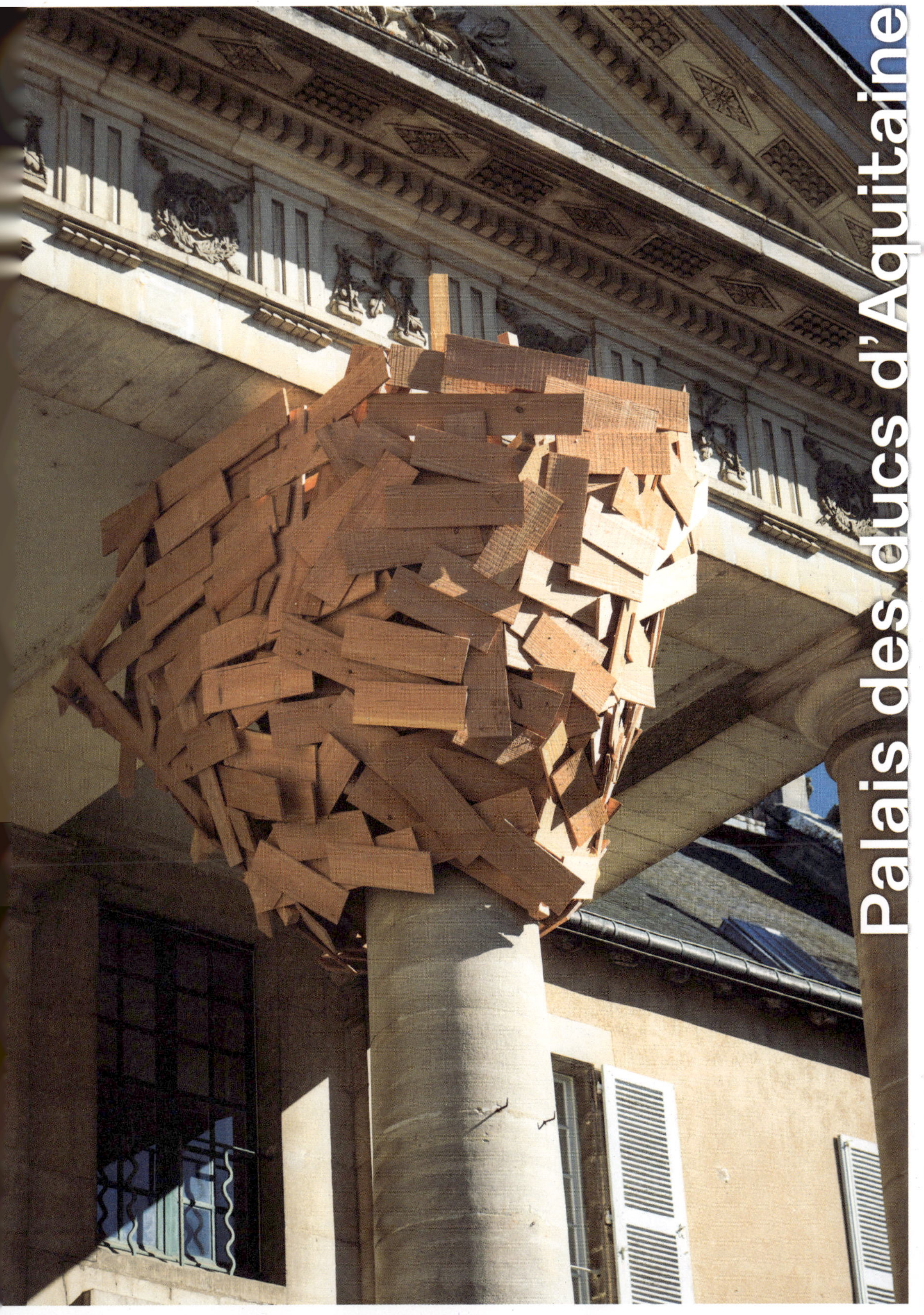

Palais des ducs d'Aquitaine

A partir
d'un espace
circonscrit et
de ses proches
environs,
vous retrouvez
toutes
les pulsations
du monde

You can feel
the pulse
of the whole
world from
a small area
and its vicinity
past

Tadashi Kawamata

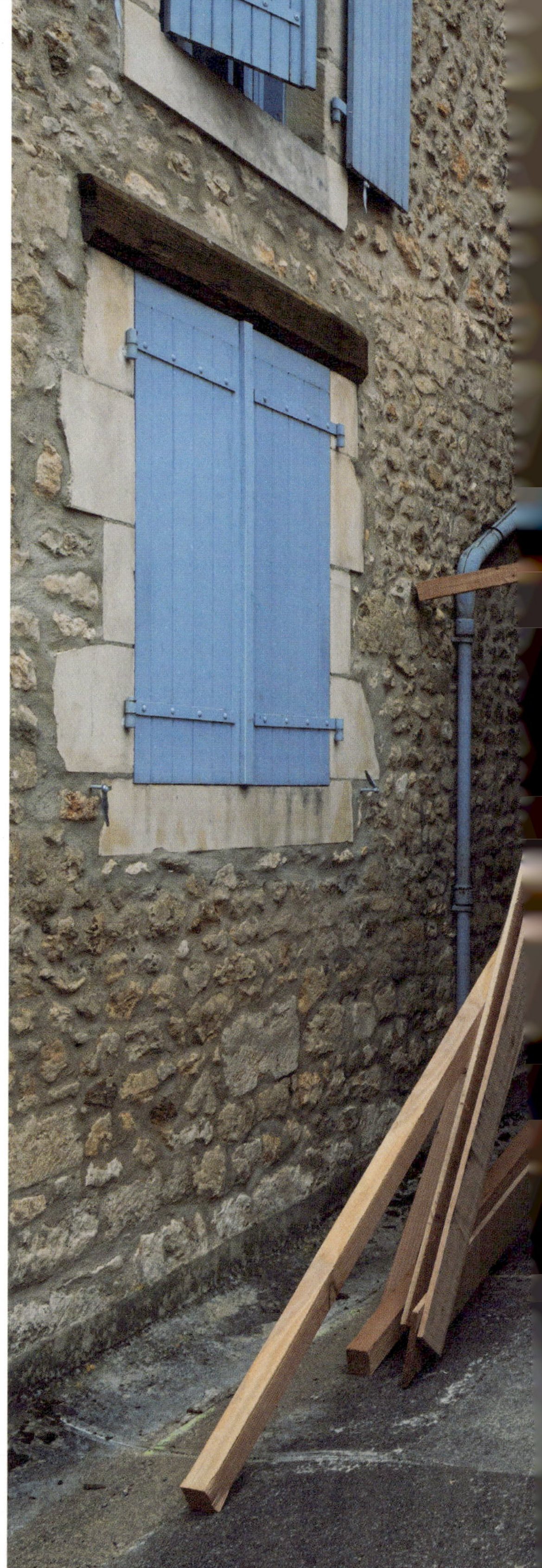

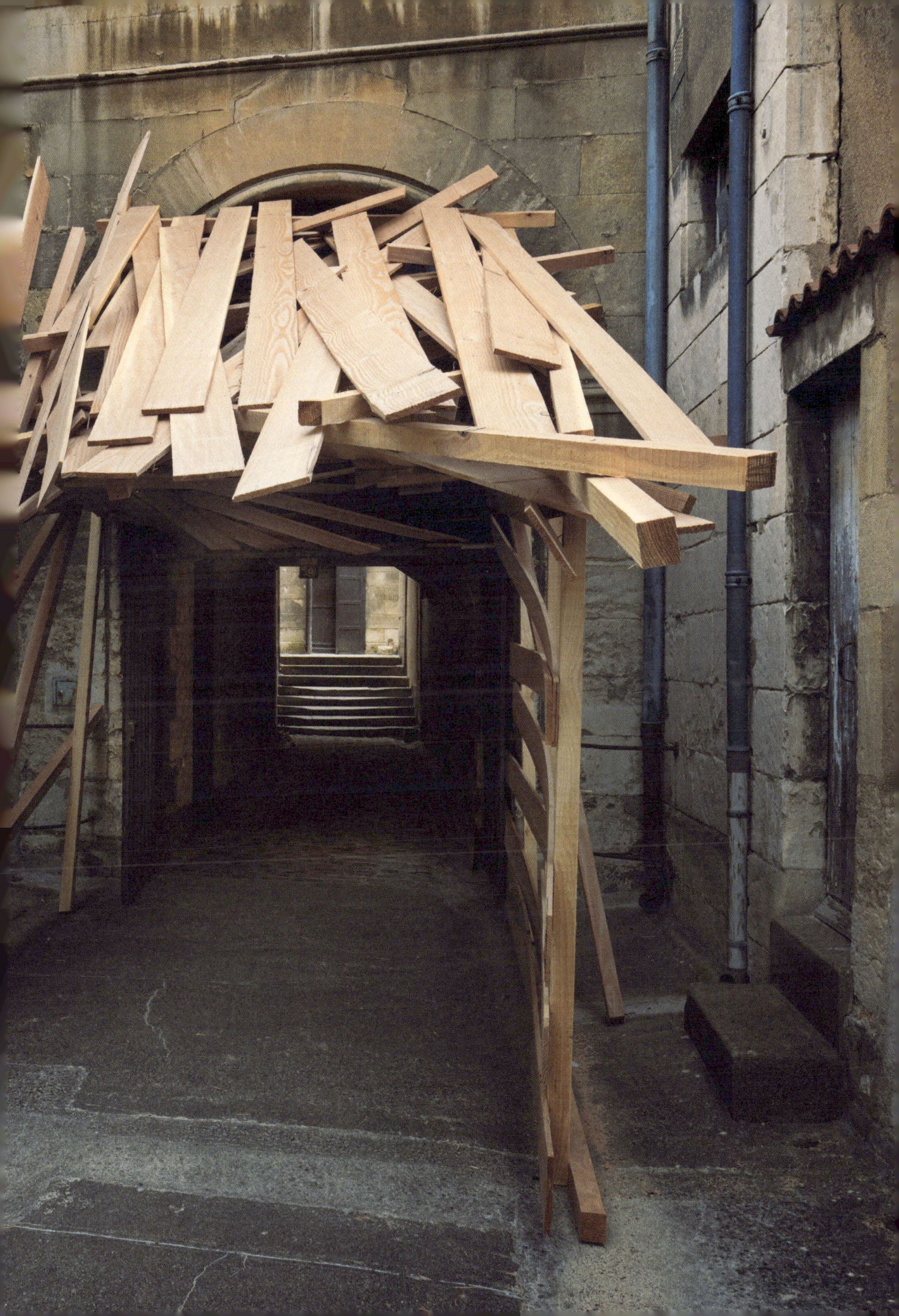

SUBODH GUPTA
Cooking the World, 2017

A une époque où la migration et le déplacement s'accompagnent d'une intolérance croissante de l'Autre, le travail de Subodh Gupta sur les rituels et le symbolisme autour de la consommation et de la préparation des aliments est d'une importance capitale. Dans les cultures occidentales, « se rassembler autour d'une table » indique un lien familial, une certaine intimité dans le fait de partager un repas, qui est aussi présent dans les communautés indiennes contemporaines et ancestrales. La diversité des groupes religieux et des cultures en Inde va de pair avec un éventail de restrictions alimentaires et de spécialités culinaires régionales. Offrir de partager un repas constitue le meilleur indicateur d'inclusion et d'acceptation dans une communauté.
Cette installation est activée par une performance culinaire durant laquelle les plats seront préparés par l'artiste et consommés par le « spectateur ». Avec *Cooking the World,* Subodh Gupta met en abîme la Maison de l'Architecture en insérant une maison d'aluminium réalisée à partir d'ustensiles de cuisine usés, suspendus avec délicatesse à des fils de pêche transparents, et qui créent un abris perméable et texturé à cette performance. La vaisselle usée, jetée par les derniers propriétaires, porte en elle autant d'histoires individuelles que les récits liés à leur utilisation. Disposés ensemble, les ustensiles renferment un nouvel espace de rituel collectif, allusion à des destins subjectifs et cosmologiques communs.

In an age of migration and displacement matched by increasing intolerance of the other, Subodh Gupta's work on the rituals and symbolism around food consumption and preparation has gained utmost significance. In Western cultures, "Gathering around the dinner table" indicates a sense of familial bond and intimacy in the practice of sharing a meal, which is even pronounced in contemporary and ancient Indian communities. The diversity of religious and cultural groups in India is matched by a range of dietary restrictions and regional culinary specialties. Offering to share a meal acts as the strongest indicator of inclusion and acceptance into ones community.
This installation is activated by a cooking and eating performance, in which food will be prepared by the artist and consumed by the "viewer". In *Cooking the World*, Subodh Gupta creates a *mise en abyme* of the Maison de l'Architecture in Poitiers, by reproducing the structure with used aluminum utensils hanging delicately from transparent fishing lines which create the porous, textured shelter for the performance. The worn vessels, discarded by their previous users, showcase individual histories and narratives of past utility. Together, the utensils enclose a new collective ritual space, alluding both to subjectively lived fates and to communal cosmological destinies.

Maison de l'Architecture

La Maison de l'Architecture de Poitiers accueille ses visiteurs sous les 260 m² de verrière d'un ancien garage de la fin du XIXe siècle. Vitrine de la culture architecturale contemporaine, elle met en lumière les savoir-faire liés à l'architecture, l'urbanisme, le paysage...

The Maison de l'Architecture of Poitiers welcomes its visitors under the 2800 square feet glass roof of an old garage from the end of the 19th century. A showcase of contemporary architectural culture, it highlights the expertise in the fields of architecture, urban planning, and landscaping...

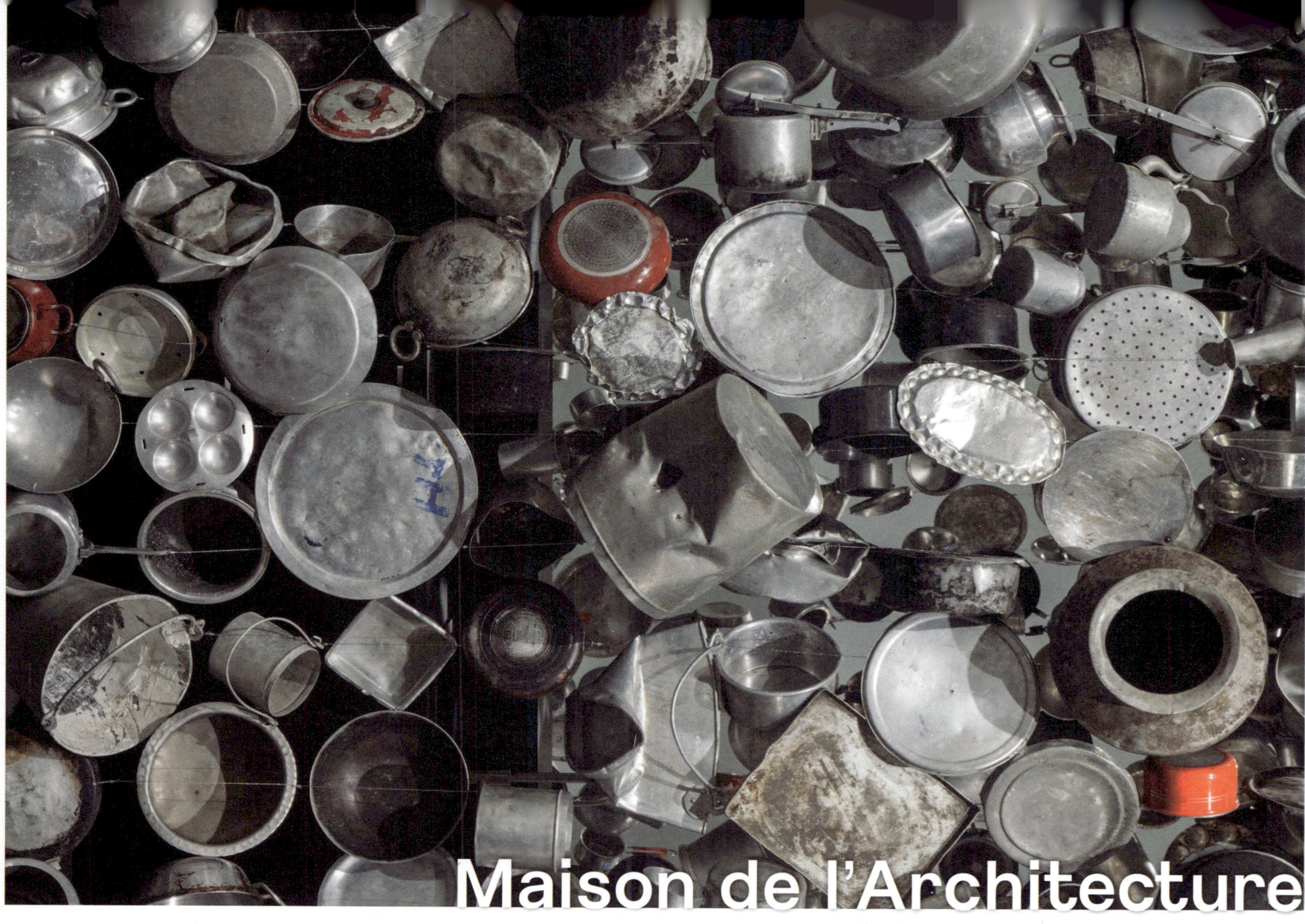
Maison de l’Architecture

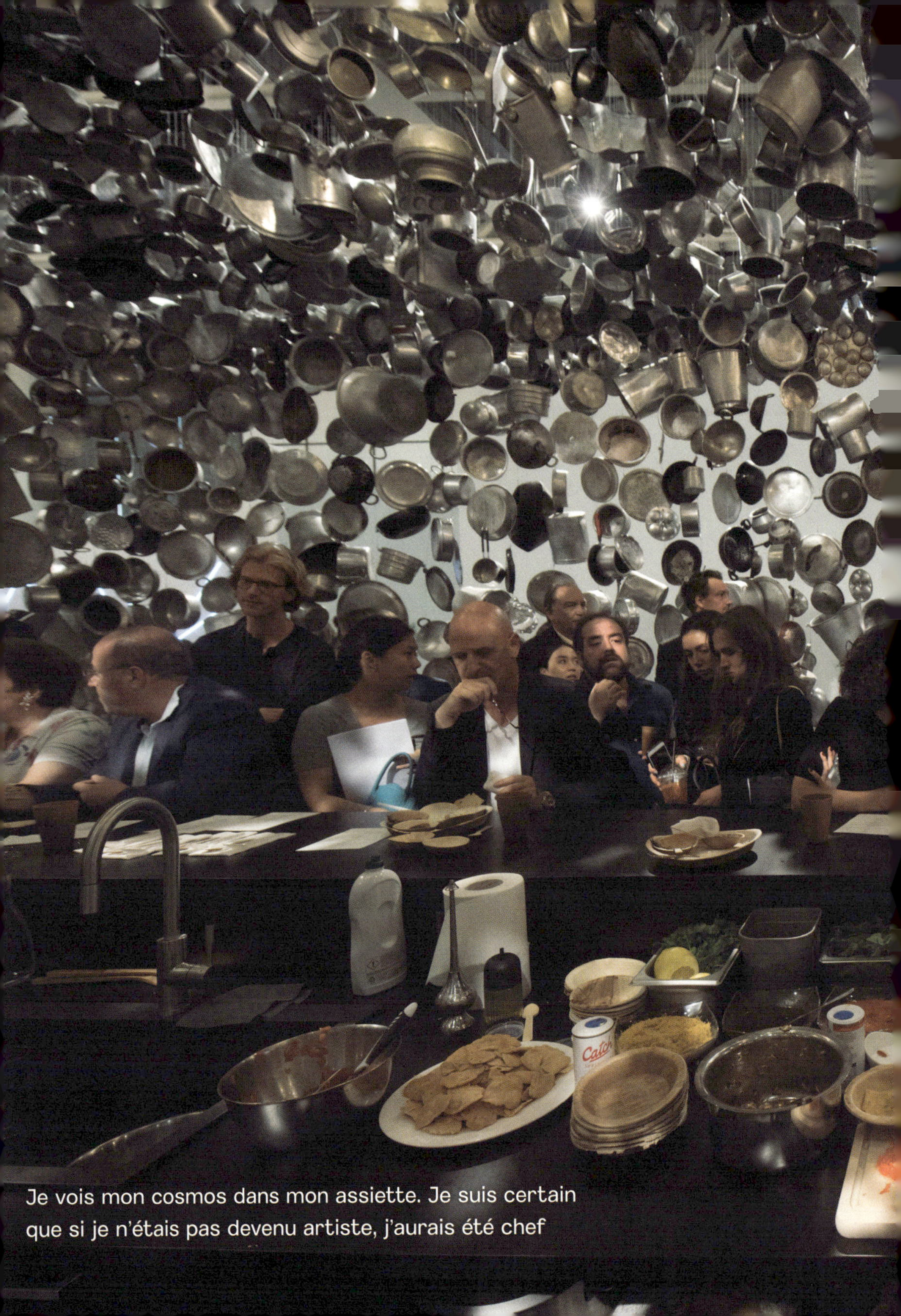

Je vois mon cosmos dans mon assiette. Je suis certain que si je n'étais pas devenu artiste, j'aurais été chef

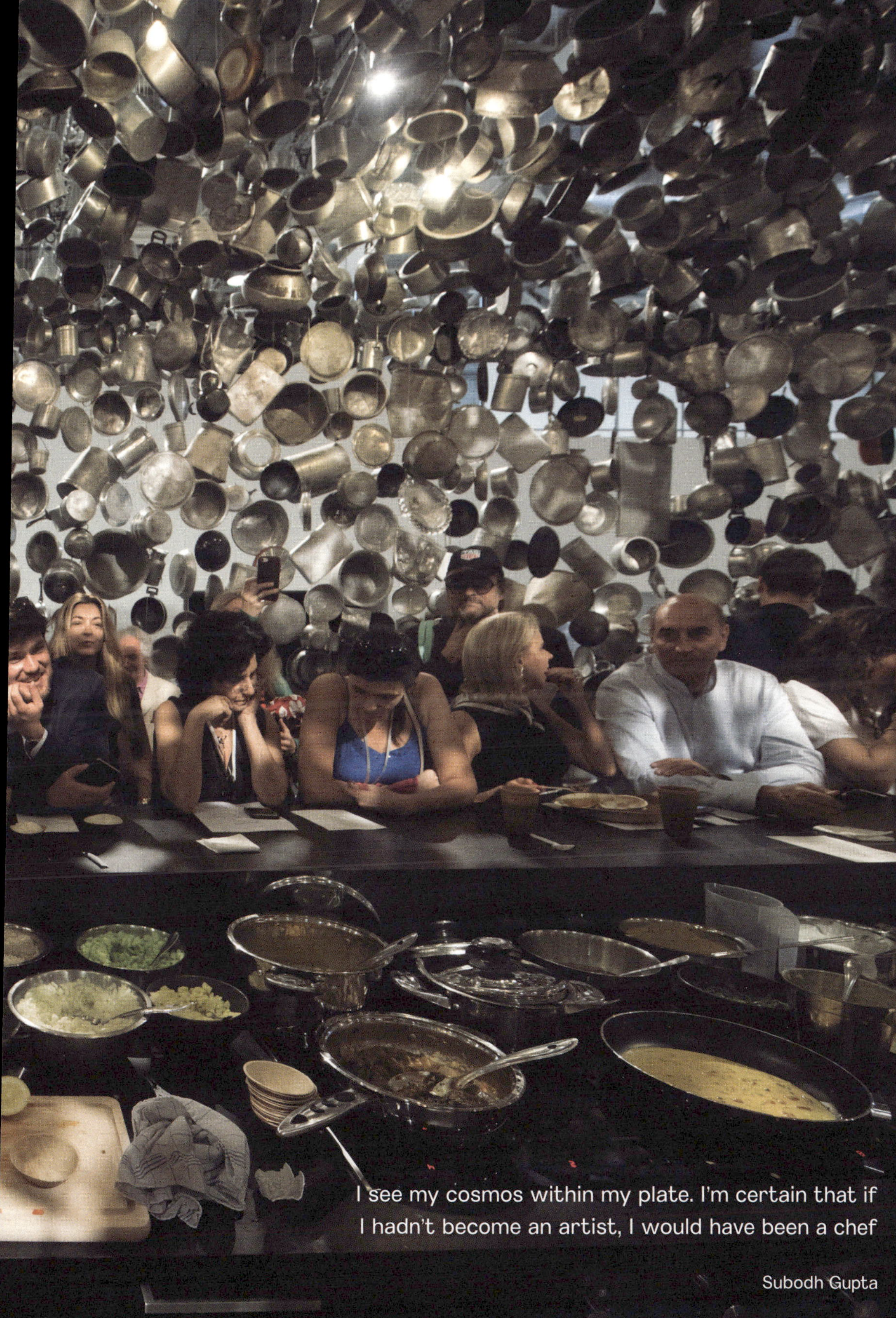

I see my cosmos within my plate. I'm certain that if I hadn't become an artist, I would have been a chef

Subodh Gupta

KIMSOOJA

Mumbai : A Laundry Field, 2007

Arpentant les rues de Mumbai, Kimsooja propose, caméra au poing, une promenade visuelle et quasi ethnographique. Elle parcourt les chemins sinueux des bidonvilles où les déchets se mêlent au linge coloré, s'infiltre dans des trains bondés et oppressants pour finalement se retrouver devant le spectacle hypnotique des blanchisseurs qui, dans une chorégraphie éprouvante, entremêlent le son de leur souffle haletant au bruit du linge battu. A l'instar du fil qui traverse le chas d'une aiguille, la ville se soumet au regard et à l'objectif de l'artiste qui révèle les aspérités des bidonvilles. *Mumbai : A Laundry Field* s'ouvre à des interrogations sociales alors que les couleurs chatoyantes des tissus contrastent avec les conditions de vie extrêmement difficiles des habitants, évoquées sans jugement.

L.G.

Walking the streets of Mumbai with a camera, Kimsooja offers a visual and almost ethnographic tour of the city. She travels down winding paths in the slums where garbage merges with colorful linens, infiltrates crowded trains, and finally finds the hypnotic spectacle of launderers who, in a strenuous choreography merge the sound of their breathing with the sound of the beaten linen. Like the thread that runs through the eye of a needle, the city submits to the artist's gaze and camera, revealing contrasts of the slums in Mumbai. *Mumbai: A Laundry Field* extends to social concerns; the shimmering colors of fabrics contrast with the extremely difficult living conditions of the inhabitants and the reality of the life in the slums as they are, without any judgement.

L.G.

D'une certaine manière, je suis un témoin, je ne fais pas de commentaires directs ou de déclarations.
Mon rôle n'est pas de juger les gens, mais plutôt de les sensibiliser à certains sujets

In a way, I am a witness and I am not making any direct comments or statements.
I do not see my role as to judge people, but rather as to raise awareness about certain topics

Kimsooja

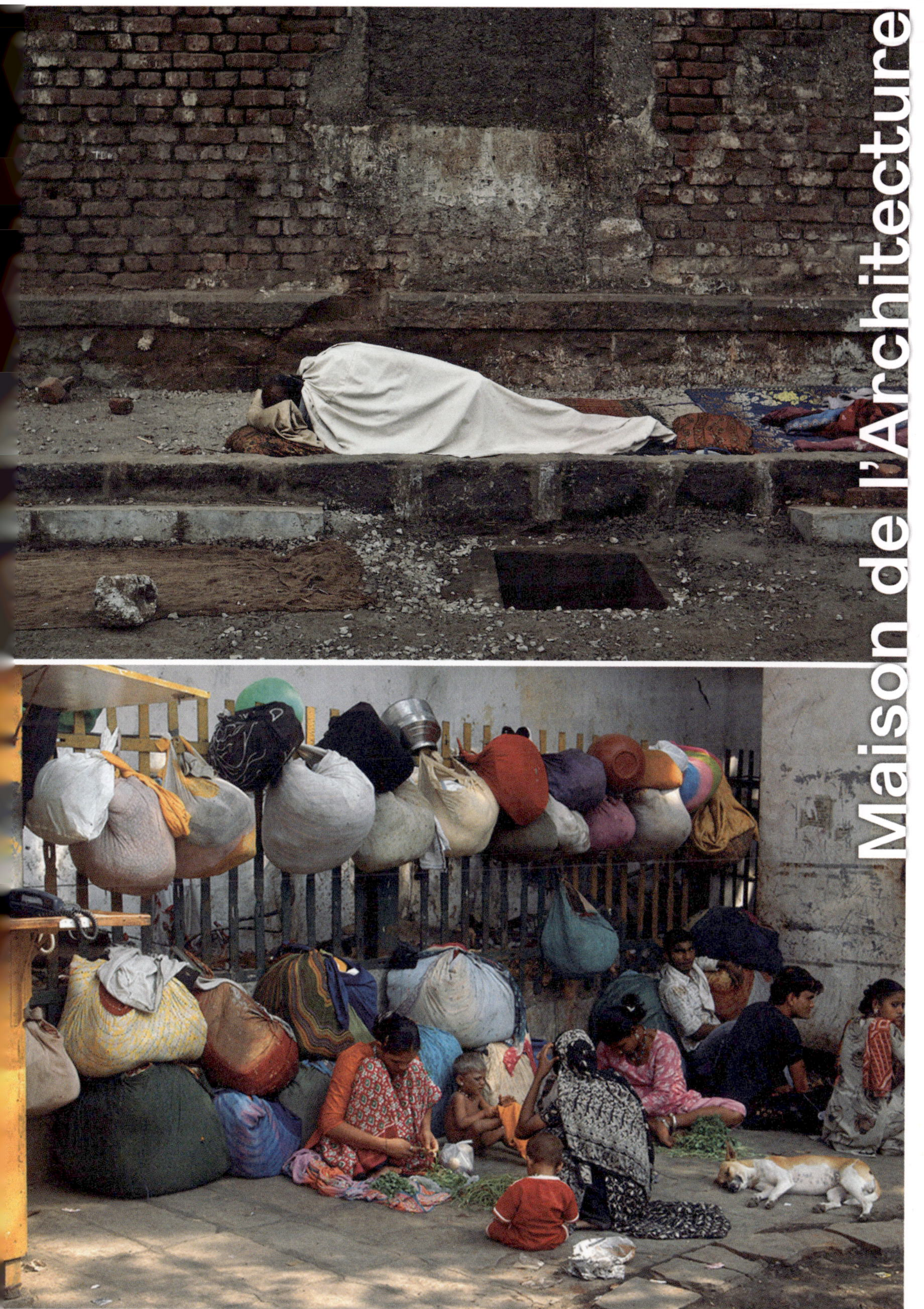
Maison de l'Architecture

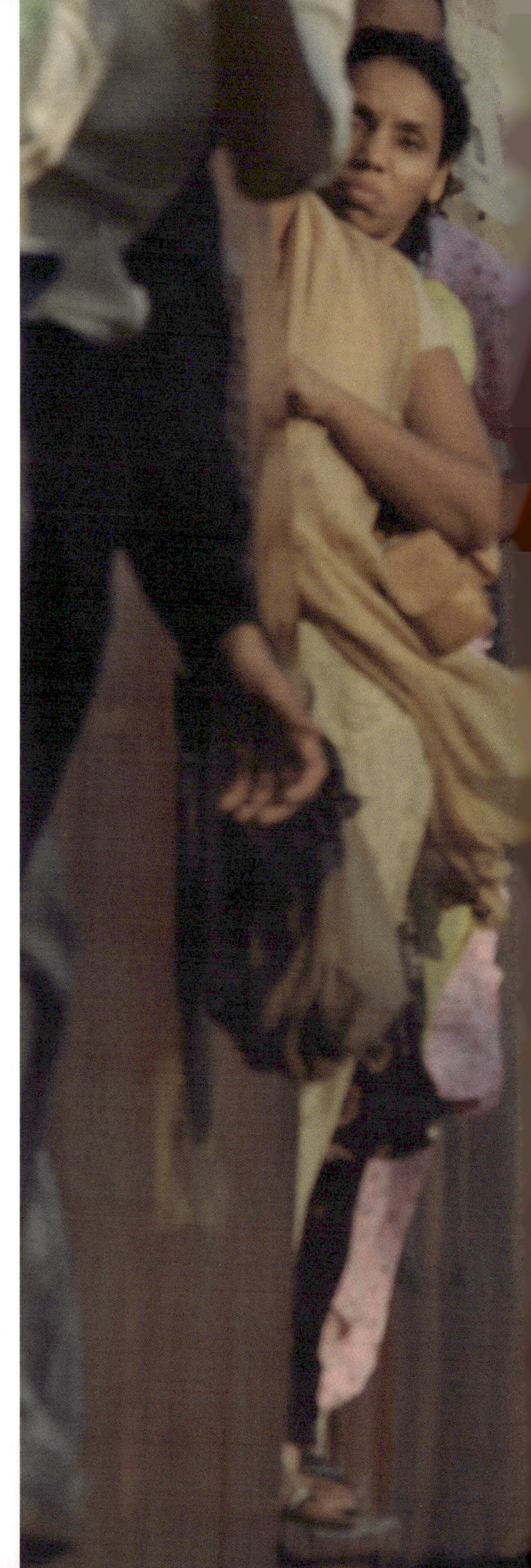

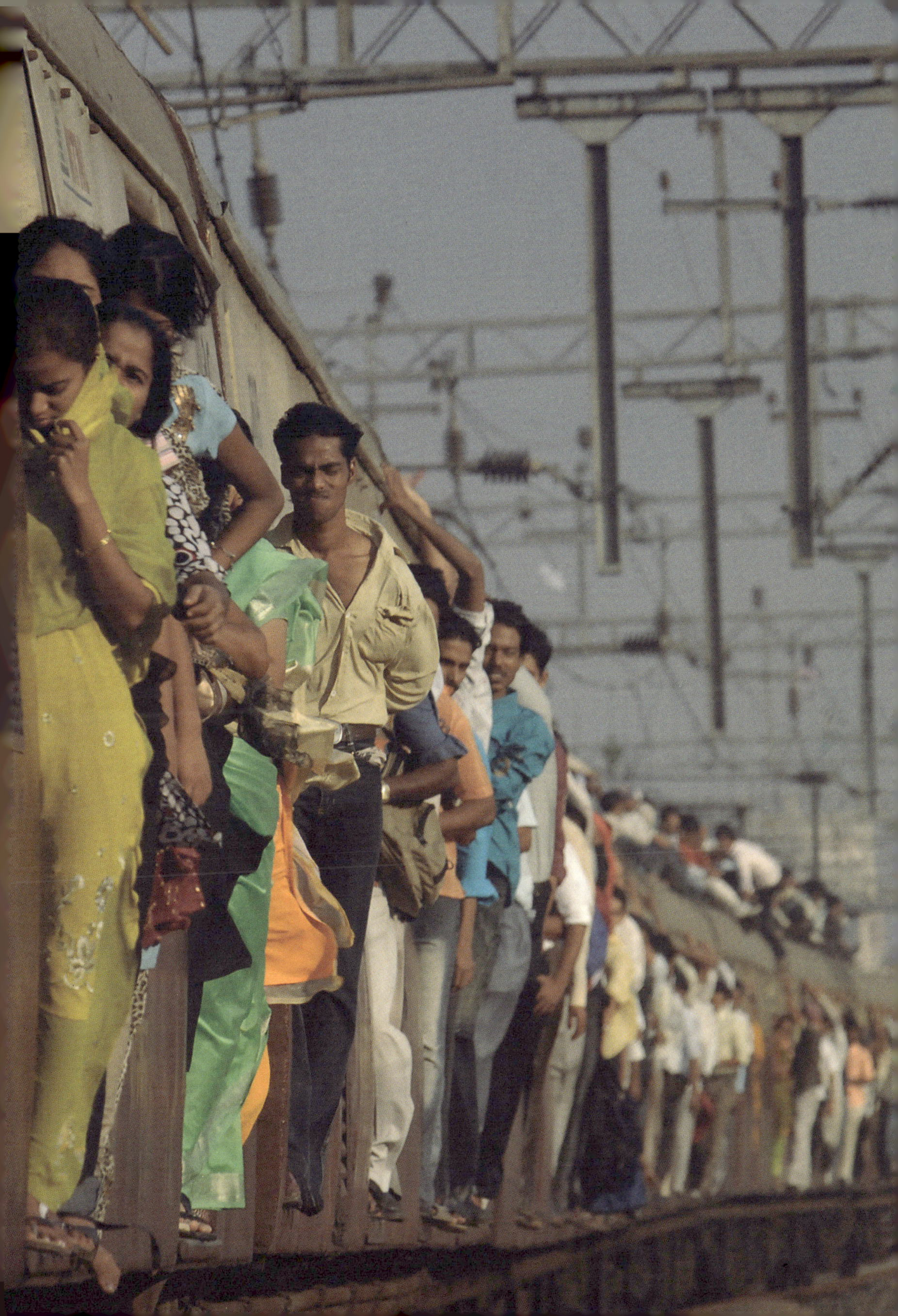

KIMSOOJA

Bottari Truck-Migrateurs, 2007

Assise au sommet d'un camion empli de *bottaris* – « baluchons » en coréen –, Kimsooja, en écho à sa performance *Cities on the Move : 2727 kilometers Bottari Truck* où elle voyageait en Corée du Sud, traverse ici les rues de Vitry à Paris. Apparaissent, au cours de son voyage symbolique, de multiples lieux marqués par l'histoire de l'immigration en France, comme l'église Saint-Bernard, où a débuté la lutte des sans-papiers en 1996. Par ses *bottaris* chargés de vêtements trouvés à Emmaüs, Kimsooja, telle une « femme aiguille », coud des fils métaphoriques entre les cultures. Les habits transportés deviennent des corps invisibles, représentatifs des différentes populations qui vivent sur le territoire, et portent en eux les souvenirs de vies et d'absences. Si le *bottari* fait écho à la vie de l'artiste, nomade depuis sa plus tendre enfance, il dévoile aussi la tension universelle entre le déplacement perpétuel et la volonté de conserver un élément familier. Dos face à la caméra, sa longue chevelure se balançant au rythme du camion, ses habits noirs contrastant avec les tissus aux couleurs vives, Kimsooja voyage immobile. Son corps semble disparaître peu à peu, portant en elle la permanente instabilité de la condition humaine.

L.G.

Echoing her performance, *Cities on the Move: 2727 Kilometers Bottari Truck*, in which she travelled through South Korea, Kimsooja sits at the top of a truck full of *bottaris*—"bundles" in Korean—as she traverses the streets from Vitry to Paris. During her symbolic journey she encounters many places marked by the history of immigration in France, such as the Church of Saint-Bernard, where the struggle of undocumented migrants began in 1996. With her *bottaris* loaded with clothes found at Emmaüs, Kimsooja, like a "needle woman," sews metaphorical threads between cultures. The clothes she transports become invisible bodies, representative of the different populations living in the area, and carrying within them the memories of lives and absences. As the *bottari*, echoes the life of the artist, who has been a nomad since her early childhood, it also reveals the universal tension between perpetual displacement and the desire to preserve an element of familiarity. With her back to the camera, her long hair swaying to the movement of the truck, and her black clothes contrasting with the brightly colored fabrics, Kimsooja travels motionless. Her body seems to be gradually disappearing, carrying with it the permanent instability of the human condition.

L.G.

Chapelle Saint-Louis

Autorisés à fonder à Poitiers un collège royal en 1604, les Jésuites y adjoignent une chapelle construite entre 1608 et 1614. Elle est l'un des joyaux de l'architecture classique de Poitiers avec sa façade à ordre colossal dorique. La chapelle reprend les grands principes de l'architecture de la Contre-Réforme avec sa large nef unique, cantonnée de chapelles et un transept peu saillant afin de faciliter la vue vers l'autel. Un retable monumental est réalisé en 1609 en pierre et marbre noir, doré et peint. La sacristie, adjointe à la chapelle en 1664, présente quant à elle un décor remarquable de boiseries sculptées.

Having been authorized to found a royal college in Poitiers in 1604, the Jesuits added on a chapel, built between 1608 and 1614. It is one of the jewels of classical architecture in Poitiers, with its colossal Doric order façade. The chapel incorporates the main principles of Counter-Reformation architecture, with its large single nave, surrounded by chapels, and a slightly projecting transept to facilitate the view towards the altar. A monumental altarpiece was erected in 1609 in stone and black marble, gilded and painted. The sacristy, which was added to the chapel in 1664, features remarkable carved woodwork decoration.

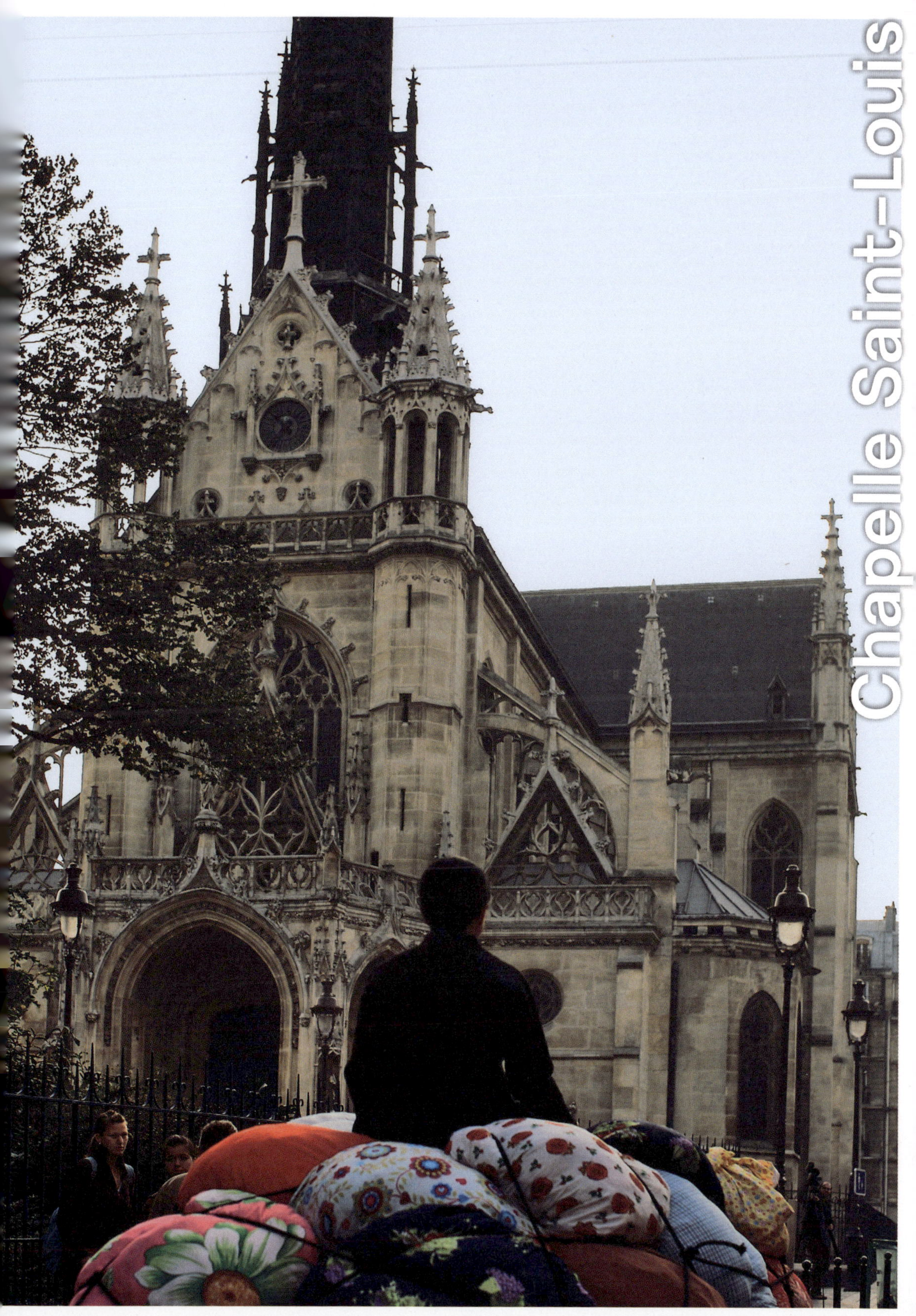

Chapelle Saint-Louis

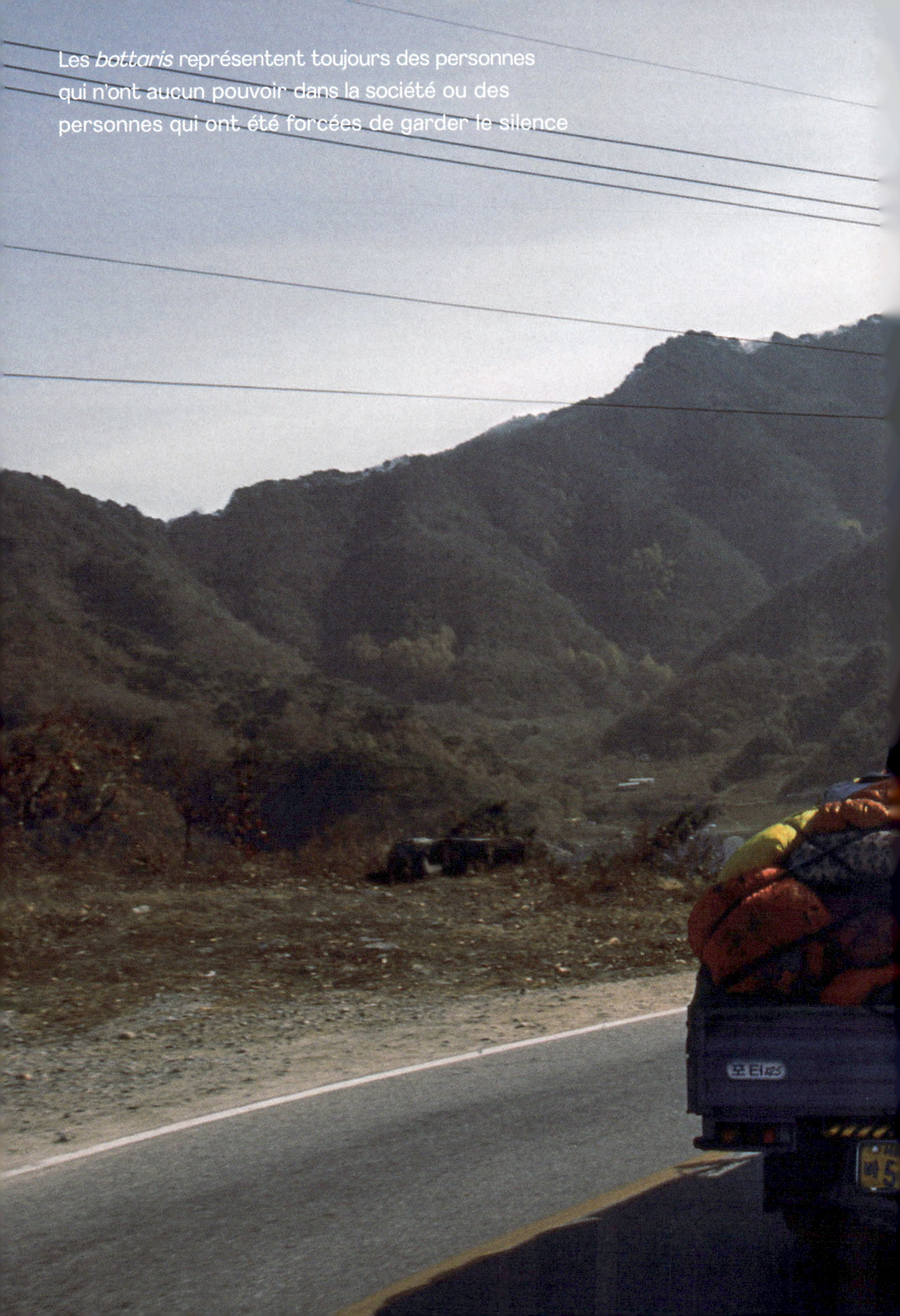

Les *bottaris* représentent toujours des personnes qui n'ont aucun pouvoir dans la société ou des personnes qui ont été forcées de garder le silence

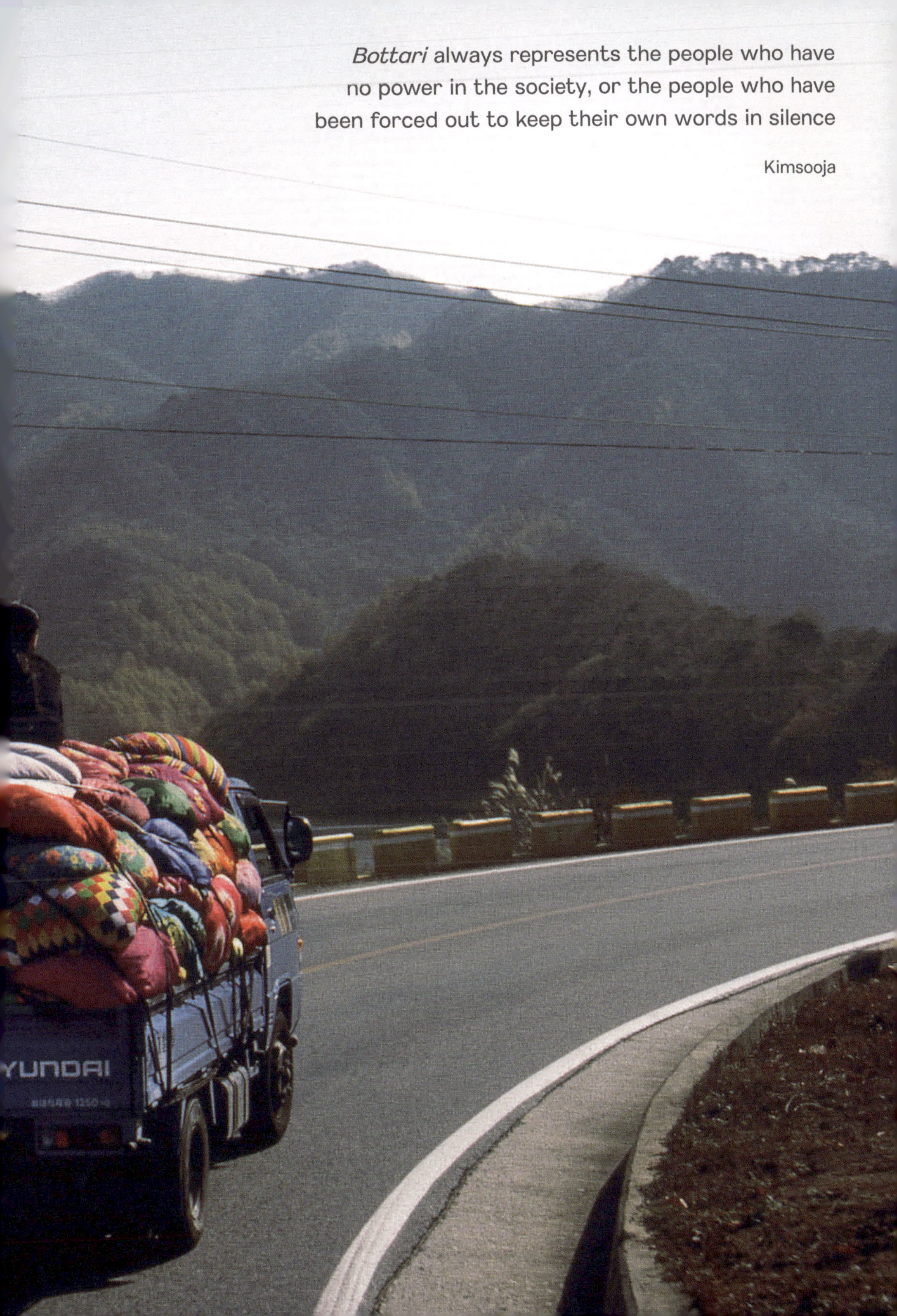

Bottari always represents the people who have no power in the society, or the people who have been forced out to keep their own words in silence

Kimsooja

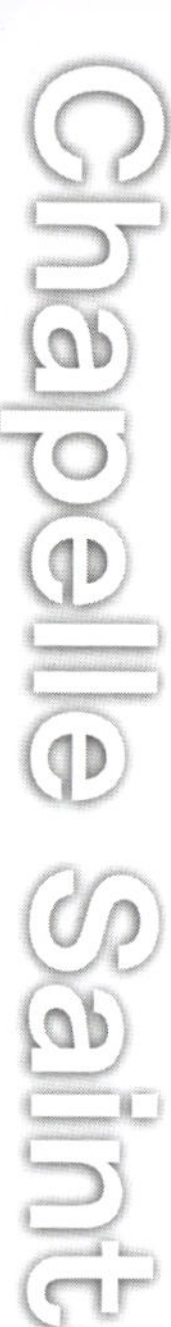

KIMSOOJA

Bottari
A Family, 2019

Au début de sa pratique artistique, Kimsooja s'est longuement interrogée sur la question de la surface plane de la toile. Lors de sa résidence au MoMA PS1 de New York en 1992-1993, alors qu'elle se trouve loin de sa terre natale, l'artiste s'affranchit du « tissu tendu » en créant une structure de textile en trois dimensions et explore pour la première fois le *bottari* en tant qu'objet d'art. En retournant en Corée du Sud, après sa résidence, Kimsooja y expose une œuvre composée de baluchons, comme un symbole de son retour et un signe d'un départ imminent. Avec *Bottari – A Family,* l'artiste nomade habite l'espace de ses biens les plus précieux, ceux de sa famille. Traditionnellement fait avec des couvertures de lits offertes au jeune couple marié, le ballot est le témoin de l'intimité familiale, se donne en héritage, rythme leur vie, pour finalement être un linceul. Le tissu du *bottari* devient la peau qui enveloppe ce corps familial, qu'elle souhaite conserver et emmener dans ses pérégrinations.

Kimsooja interrogated the flat surface of the canvas at the start of her artistic career. During her residency at MoMA PS1 in New York in 1992–1993, far from her native home, the artist rid herself of "stretched canvas" by creating a three-dimensional textile structure, and explored the use of the *bottari* as an art object for the first time. When she returned to South Korea after her residency, Kimsooja exhibited a work composed of bundles as a symbol of return and a sign of imminent departure. With *Bottari – A Family*, the nomadic artist inhabits the space with her most precious belongings—those of her family. Traditionally made out of the bedspreads gifted to a young married couple, the bundle serves as a witness to familial intimacy; it is given as an inheritance, follows the rhythm of daily life, and eventually becomes a shroud. The fabric of the *bottari* becomes the skin that wraps around this familial body, which Kimsooja has chosen to preserve and bring with her on her travels.

L.G.

Bottari, 2017

La fascination de Kimsooja pour le textile a débuté dans les années 1980. Lors de la confection d'une couverture avec sa mère, l'artiste a ressenti comme une décharge qui reliait son énergie à celle du monde, au moment même où l'aiguille a traversé le tissu. La prise de conscience du rapport entre son corps et l'univers, équivalent à celui de l'aiguille à l'étoffe, est devenue une référence fondamentale de son travail. Depuis, telle une guérisseuse, Kimsooja coud et tisse des liens, qu'ils soient physiques ou métaphoriques. En écho à sa vie de nomade, elle enveloppe des vêtements usés en *bottaris* (baluchons coréens). Habituellement formés à partir de tissus aux motifs traditionnels colorés, Kimsooja bouscule la conception de ces ballots en utilisant une couverture de lit noir. Dans ce *Bottari*, disposé au pied du gisant de la Chapelle des Augustins, se lit encore la vie, les rêves, la souffrance et l'absence de ceux qui ont porté ces vêtements.

Kimsooja's fascination with textiles began in the early 1980s. While sewing a blanket with her mother, the artist felt a sensation like an electric shock, connecting her energy to the energy of the world, just as the needle passed through the fabric. The awareness of the relationship of her body to the universe, akin to that of the needle to the fabric, has become a central tenet of her work. Since then, like a healer, Kimsooja sews and weaves physical and metaphorical ties. Echoing her nomadic life, she wraps used clothes in *bottaris* (Korean bundles). While they are usually made using fabrics with traditional, colored patterns, here Kimsooja challenges the design of these bundles by using a black bedspread. Placed at the foot of the recumbent statue in the Chapelle des Augustins, *Bottari* reveals the life, dreams, suffering, and absence of those who wore these clothes.

L.G.

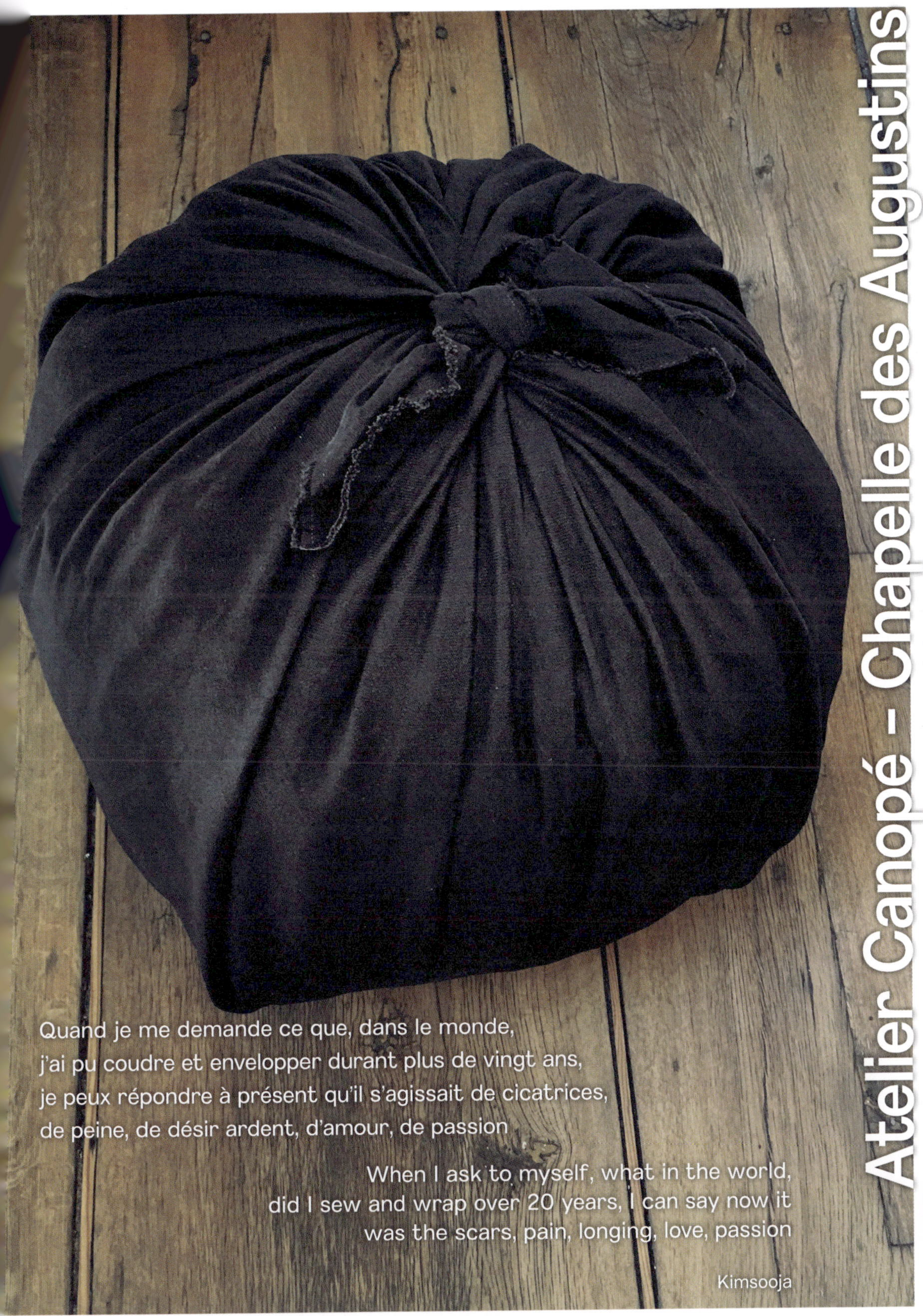

Atelier Canopé - Chapelle des Augustins

Quand je me demande ce que, dans le monde,
j'ai pu coudre et envelopper durant plus de vingt ans,
je peux répondre à présent qu'il s'agissait de cicatrices,
de peine, de désir ardent, d'amour, de passion

When I ask to myself, what in the world,
did I sew and wrap over 20 years, I can say now it
was the scars, pain, longing, love, passion

Kimsooja

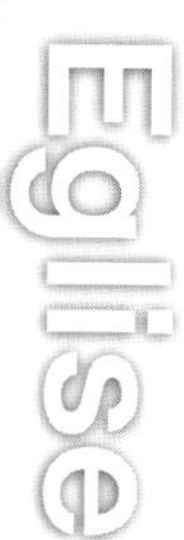

KIMSOOJA

Solarescope, 2019

Du rouge au bleu en passant par le blanc et le rose, la façade de l'église Notre-Dame-la-Grande s'illumine dès la nuit tombée. Kimsooja envisage ce joyau architectural, dont la construction a débuté au XIe siècle, tel un *bottari* où les tissus aux couleurs chatoyantes sont remplacés par un jeu de lumière subtil. Reprenant le principe de l'*Obangsaek* coréen, selon lequel certaines couleurs symbolisent à la fois les directions cardinales et les éléments naturels, Kimsooja enveloppe l'édifice de ces couleurs aux fonctions protectrices, rappelant que les églises sont tout à la fois des lieux de culte et des lieux d'accueil pour les plus démunis. Avec *Solarescope*, Kimsooja confère une peau au bâtiment qui le sépare de l'obscurité environnante, dans une oscillation constante entre contemplation et révélation de sa beauté.

L.G.

The façade of the Church of Notre-Dame-la Grande is illuminated at nightfall in colorful hues, from red to blue, to white to pink. Kimsooja has reconceived this architectural jewel, whose construction began in the 11th century, as if it were a *bottari* whose shimmering, colorful fabrics have been substituted for a subtle play of light. Taking up the Korean principle of *Obangsaek* according to which certain colors correspond both to the cardinal directions and natural elements, Kimsooja wraps the building in colors endowed with protective functions—a reminder that churches are both sites of worship and places of refuge for the most disenfranchised. With *Solarescope*, Kimsooja sheathes the building in a new skin, which stands out from the surrounding darkness, through a constant oscillation between contemplation and revelation of its beauty.

L.G.

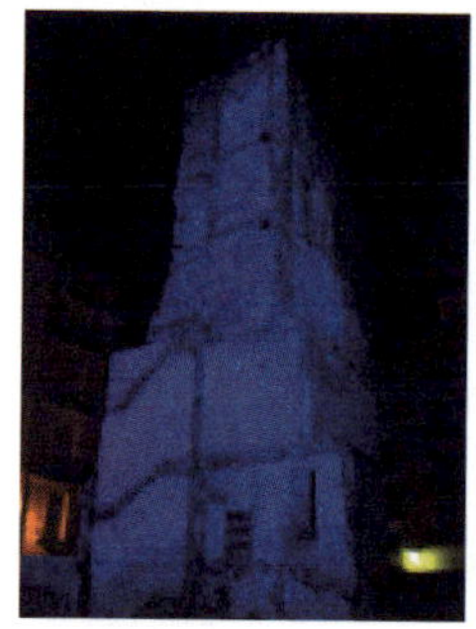

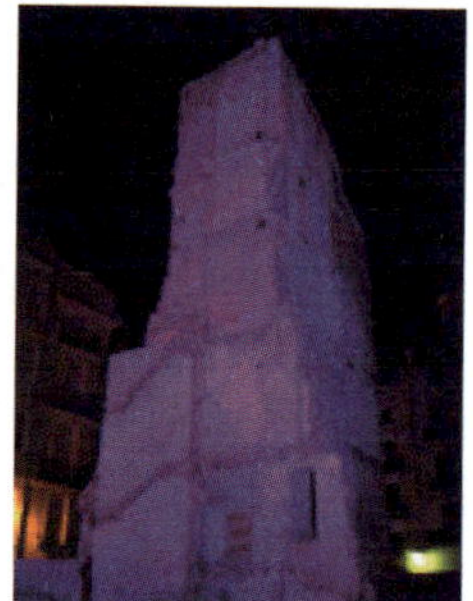

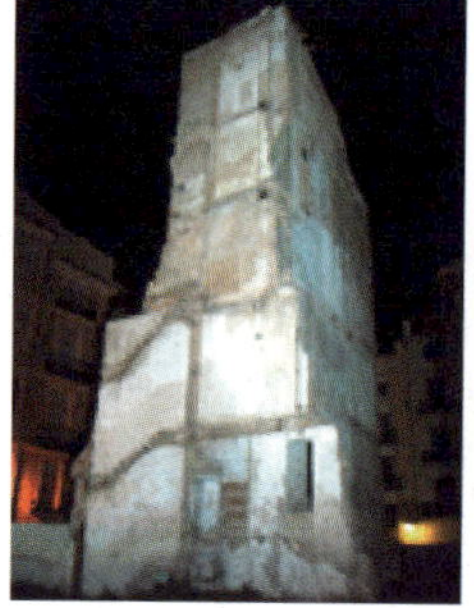

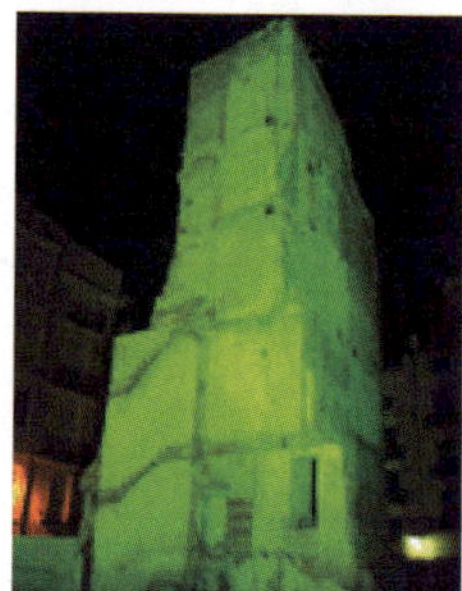

Eglise Notre-Dame-la-Grande

Rebâtie au XIe, Notre-Dame-la-Grande est l'un des joyaux de l'art roman. Sa façade richement sculptée, réalisée au début du XIIe siècle, est un chef d'œuvre de la sculpture romane qui mêle décor ornemental et message théologique.

Rebuilt in the 11th century, Notre-Dame-la-Grande is a treasure of Romanesque art. Its richly sculpted façade, created at the beginning of the 12th century, is a masterpiece of Romanesque sculpture that combines ornamental decoration and theological messaging.

KIMSOOJA
Bottari 1999-2019, 2019

D'un continent à l'autre, entre les Etats-Unis et la Corée du Sud, Kimsooja fait une halte à Poitiers et habite l'espace d'un conteneur peint de lignes vives et éclatantes, aux couleurs traditionnelles coréennes, celles de l'*Obangsaek*. Kimsooja dépose son *bottari* monumental, empli de ses affaires personnelles accumulées dans son appartement à East Village, à New York, durant une vingtaine d'années, au pied de la Cathédrale Saint-Pierre. Face à l'imposant édifice, *Bottari 1999-2019* semble aussi petit que le baluchon auquel il fait référence. Ses couleurs chatoyantes entrent en contraste avec la minéralité de ce lieu de culte et, par l'indication des points cardinaux qu'elles sous-tendent, deviennent un symbole de migration libre et choisie. Habituellement fait de tissus noués, ce *bottari* d'acier se fait métaphore des déplacements perpétuels de Kimsooja et constitue, selon les mots de l'artiste, un « corps à part, un monde autonome qui peut tout contenir, comme un vaisseau » que l'on peut fermer sans en révéler le contenu.

L.G.

Moving from one continent to another, from the United States to South Korea, Kimsooja makes a stop in Poitiers to inhabit a shipping container painted with bright and vibrant lines in the traditional Korean colors of the *Obangsaek*. A monumental *bottari*, filled with Kimsooja's personal belongings accumulated in the artist's East Village apartment in New York over twenty years, sits at the foot of Poitiers Cathedral. Facing the imposing cathedral, *Bottari 1999-2019* seems as small as the cloth bundles it references. Its shimmering colors contrast with the mineral quality of this place of worship, representing the freedom of choosing ones country and the dimension of mobility, as indicated by the cardinal color spectrum. Though usually made of knotted fabric, this steel *bottari* becomes a metaphor for Kimsooja's perpetual movements and constitutes in the artist's words, a "separate body, an autonomous world that can contain everything, like a ship" that can be closed without revealing its contents.

L.G.

Cathédrale Saint-Pierre

Commanditée par Henri II Plantagenêt et Aliénor d'Aquitaine, la construction de l'édifice actuel débute au XIIe siècle. La cathédrale est de style gothique angevin à l'exception de la façade qui, avec sa rosace et ses trois portails sculptés, suit l'influence du gothique de l'Ile-de-France. C'est l'une des rares cathédrales françaises à présenter un chevet plat : un mur droit d'une cinquantaine de mètres de haut, sans arcs-boutants. La cathédrale est riche de peintures murales exceptionnelles du XIIIe siècle et d'un ensemble majeur de vitraux des XIIe et XIIIe siècles.

Commissioned by Henri II Plantagenêt and Eleanor of Aquitaine, the construction of the current building began in the 12th century. The cathedral is in the Gothic Angevin style, with the exception of the façade which—with its rose window and three sculpted portals—follows the influence of the Gothic style of Ile-de-France. It is one of the few French cathedrals to have a flat apse: a straight wall about fifty meters high, without buttresses. The cathedral is rich in exceptional 13th century mural paintings and a major set of stained glass windows from the 12th and 13th centuries.

ACHILLEAS SOURAS
SOS – Save Our Souls, 2016

Sur les rivages de l'île de Lesbos, en Grèce, s'empilent des centaines de milliers de gilets de sauvetage, reflués par les vagues de la mer Egée ou abandonnés par les migrants à leur arrivée en Europe. De ces rebuts, traces d'un voyage périlleux, Achilleas Souras construit des refuges en forme d'igloos. L'odeur de la mer qui s'en dégage et les sillons de sel qui les strient sont autant d'indicateurs des corps qui les ont portés et de leur cheminement, en quête de paix et de liberté. Pour le jeune architecte, qui lui-même a traversé de nombreux pays, « la carte du monde telle qu'on la connaît est la résultante d'un mouvement continu ; et la migration est une composante de notre histoire ». Utilisés par l'artiste chinois Ai Weiwei dans ses récentes installations, ces équipements pour des corps en exode prennent une autre dimension lorsqu'Achilleas Souras les transforme en habitacles, faisant de protections maritimes des abris terrestres.

L.G.

On the shores of the island of Lesbos, Greece, hundreds of thousands of life jackets pile up, expelled by the waves of the Aegean Sea or abandoned by migrants upon their arrival in Europe. From these scraps—traces of a dangerous journey—Achilleas Souras builds igloo-shaped shelters. The smell of the sea and the salt furrows lining the jackets invoke the bodies that wore them and their journeys in search of peace and freedom. For the young architect, who has travelled widely, "the world map as we know it is the result of continuous movement; and migration is an element of our history." Used by Chinese artist Ai Weiwei in his recent installations, this equipment for bodies in exodus takes on a new dimension when Achilleas Souras transforms it into dwellings, turning protections at sea into shelters on land.

L.G.

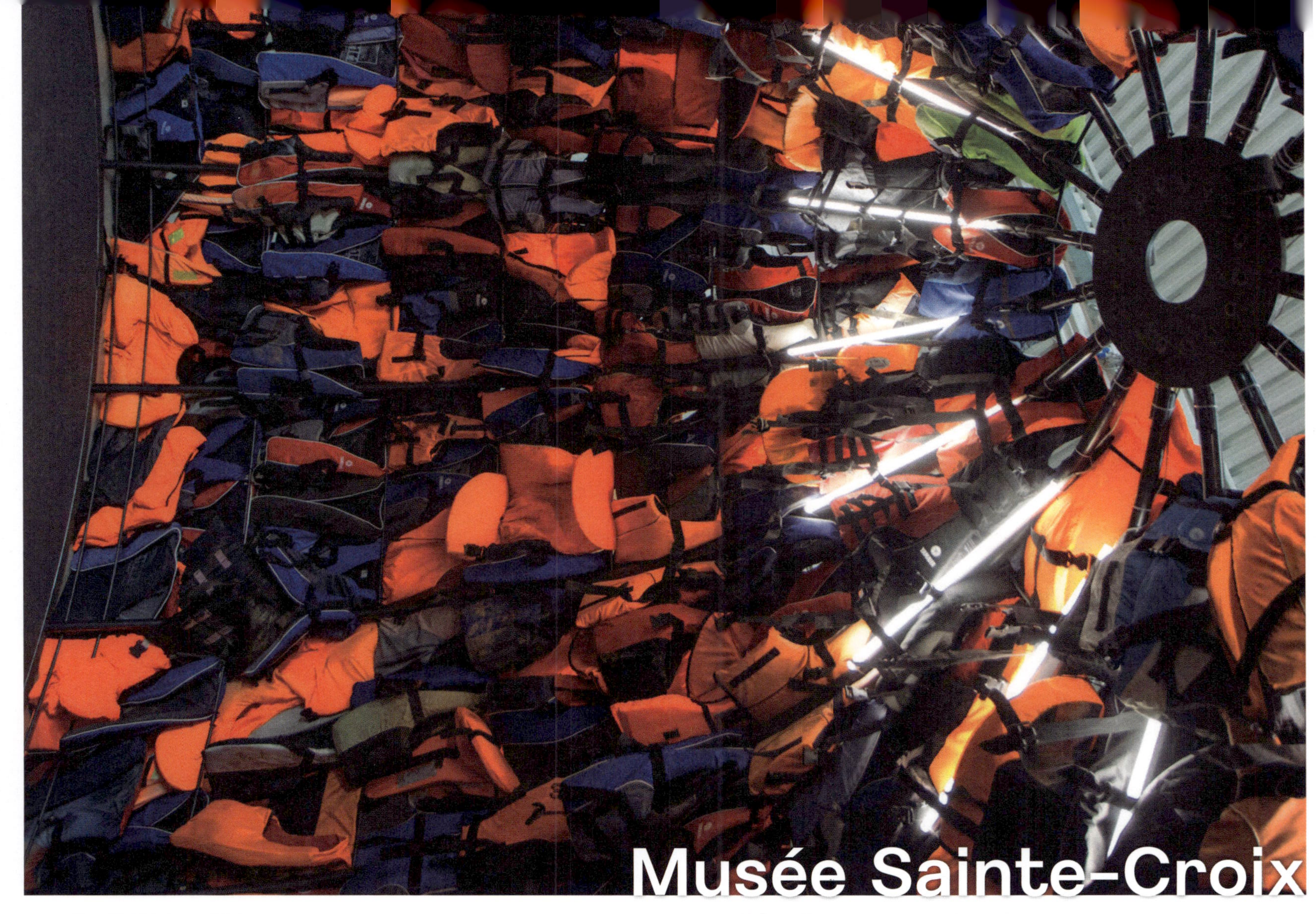
Musée Sainte-Croix

Je considère mon corps telle une aiguille symbolique qui tisse les personnes, les sociétés et les cultures ensemble

a needle woman

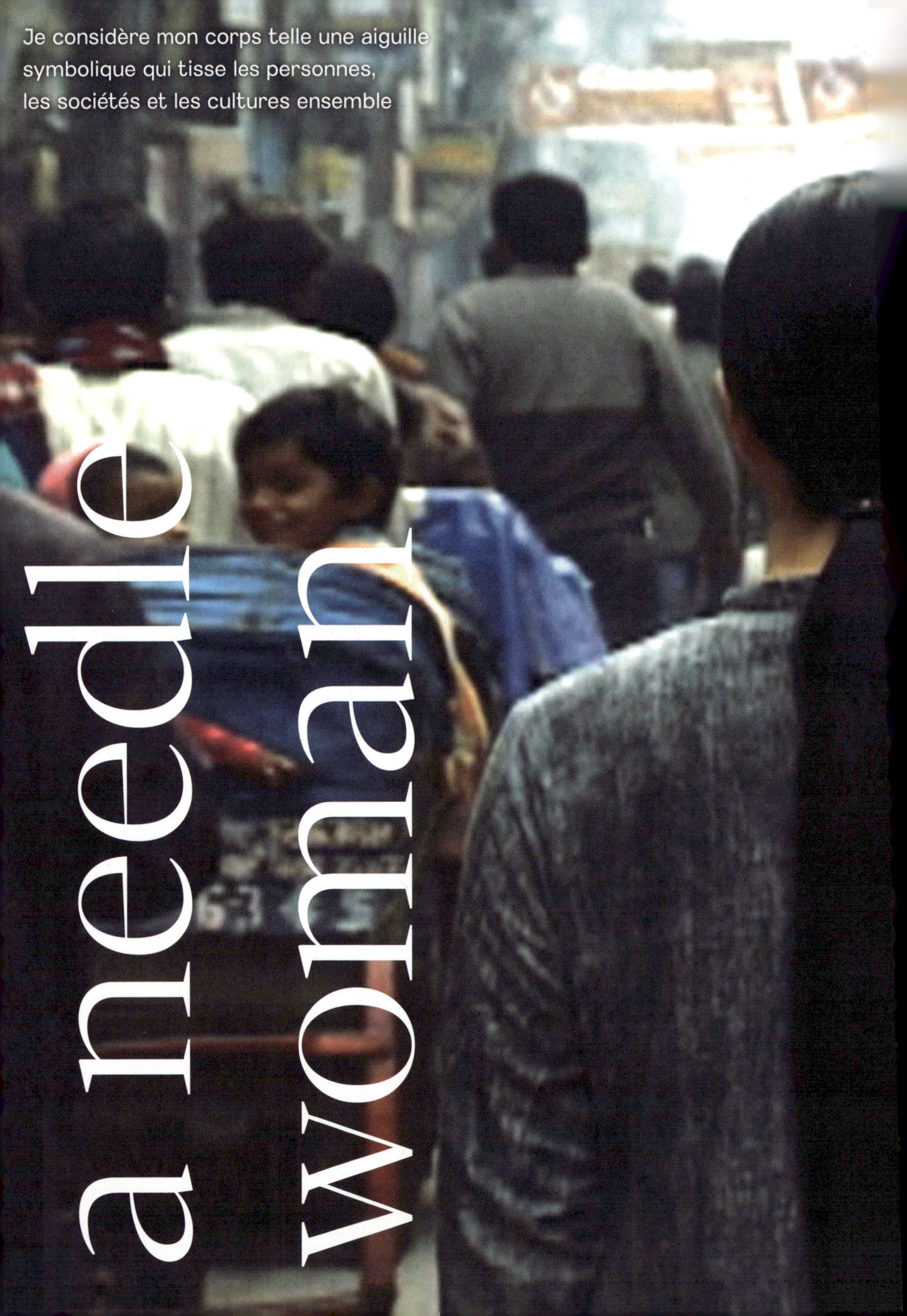

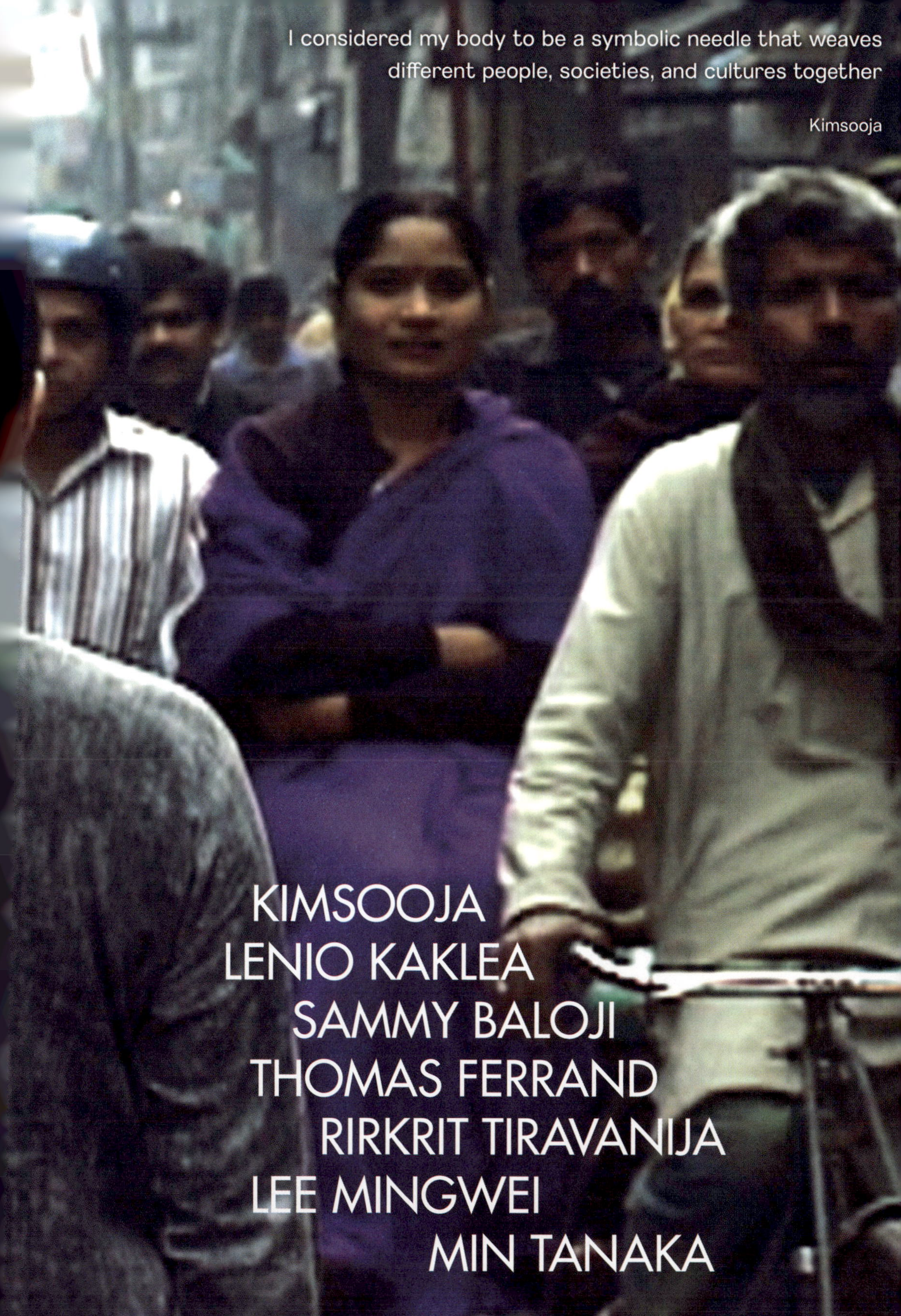

I considered my body to be a symbolic needle that weaves different people, societies, and cultures together

Kimsooja

KIMSOOJA
LENIO KAKLEA
SAMMY BALOJI
THOMAS FERRAND
RIRKRIT TIRAVANIJA
LEE MINGWEI
MIN TANAKA

KIMSOOJA

Thread Routes VI, 2019

Tournée en 16mm, la série de films *Thread Routes* est une exploration du monde à travers diverses pratiques liées au textile, envisagée par Kimsooja tel un « poème visuel », voire une « anthropologie visuelle ». Les différents chapitres de *Thread Routes* sont autant d'invitations au voyage que des indicateurs des relations à l'oeuvre entre le traitement du textile, l'architecture et les paysages environnants. Après avoir posé sa caméra au Pérou, en Europe, en Inde, en Chine et en Amérique du Nord, Kimsooja voyage, en 2019, au Maroc afin d'y écrire le sixième chapitre de ses routes du fil. Alors que les lavoirs de Chefchaouen, occupés par les femmes du Nord dont les costumes scintillent sous le soleil matinal, semblent répondre aux excavations des tanneries de Fès, où de nombreux hommes traitent les peaux de bêtes, Kimsooja questionne la notion de genre au sein des pratiques artisanales considérées traditionnellement comme féminines ou masculines. Les monticules colorés du marché aux épices de Rissani se confondent aux dunes au sable rose du désert de Merzouga, les motifs en losange d'un tapis entrent en corrélation avec la mosaïque murale d'une école coranique, offrant une traversée des paysages et de la culture marocaine. Le vocabulaire visuel de l'artiste, composé d'analogies et de juxtapositions, agit telle une mise en image de la vision qu'elle porte sur le monde ainsi qu'une rétrospective de son oeuvre. De ses premières pièces cousues dans les années 1980 à ses performances *A Needle Woman* jusqu'à ce sixième chapitre de *Thread Routes,* Kimsooja explore le statut métaphorique du fil et de l'aiguille et tisse les différents parties du monde entre elles.

L.G.

Shot on 16mm, the film series *Thread Routes* is an exploration of the world through various textile-related practices, which Kimsooja considers as a "visual poem," or even a form of "visual anthropology." Each chapter of *Thread Routes* invites us to travel, marking the relationships between the treatment of textiles, architecture, and the surrounding landscapes. After setting up her camera in Peru, Europe, India, China, and North America, Kimsooja travelled to Morocco in 2019 to write the sixth chapter of her thread routes. While the Chefchaouen wash-houses, occupied by women from the North whose costumes shine under the morning sun, seem to respond to the excavations of the tanneries of Fez, where many men handle animal skins, Kimsooja questions the notion of gender within artisanal and craft work, traditionally considered as feminine or masculine. The colorful mounds of the Rissani spice market merge with the pink sand dunes of the Merzouga Desert, the diamond patterns of a carpet echo the mural mosaic of a Koranic school, offering a journey through the landscapes and culture of Morocco. The artist's visual vocabulary, composed of analogies and juxtapositions, illustrates her vision of the world and corresponds to a retrospective of her work. From her early sewn works in the 1980s, to her performance series *A Needle Woman*, to this sixth chapter of *Thread Routes*, Kimsooja explores the metaphorical status of needle and thread, weaving different parts of the world together.

L.G.

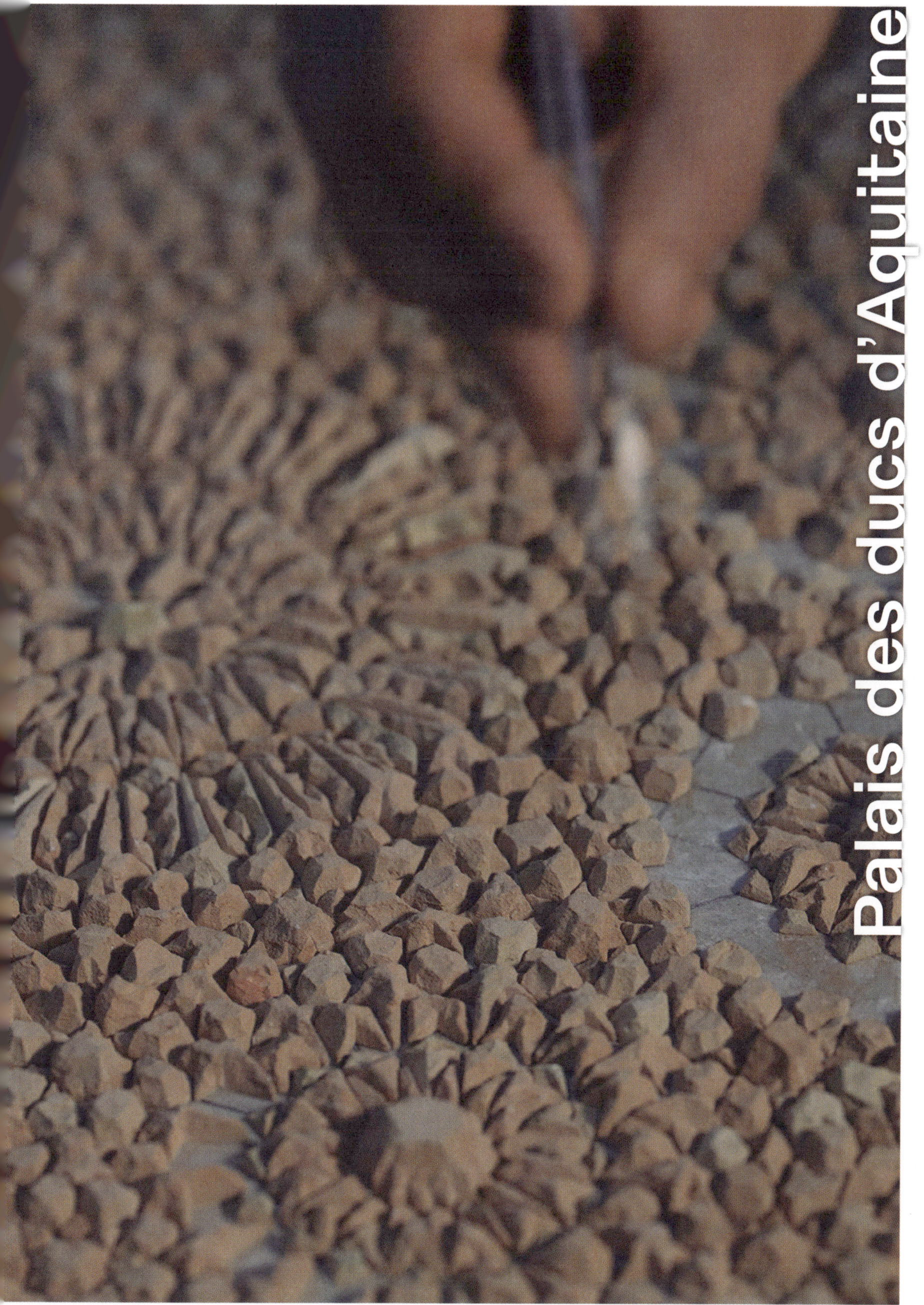

Palais des ducs d’Aquitaine

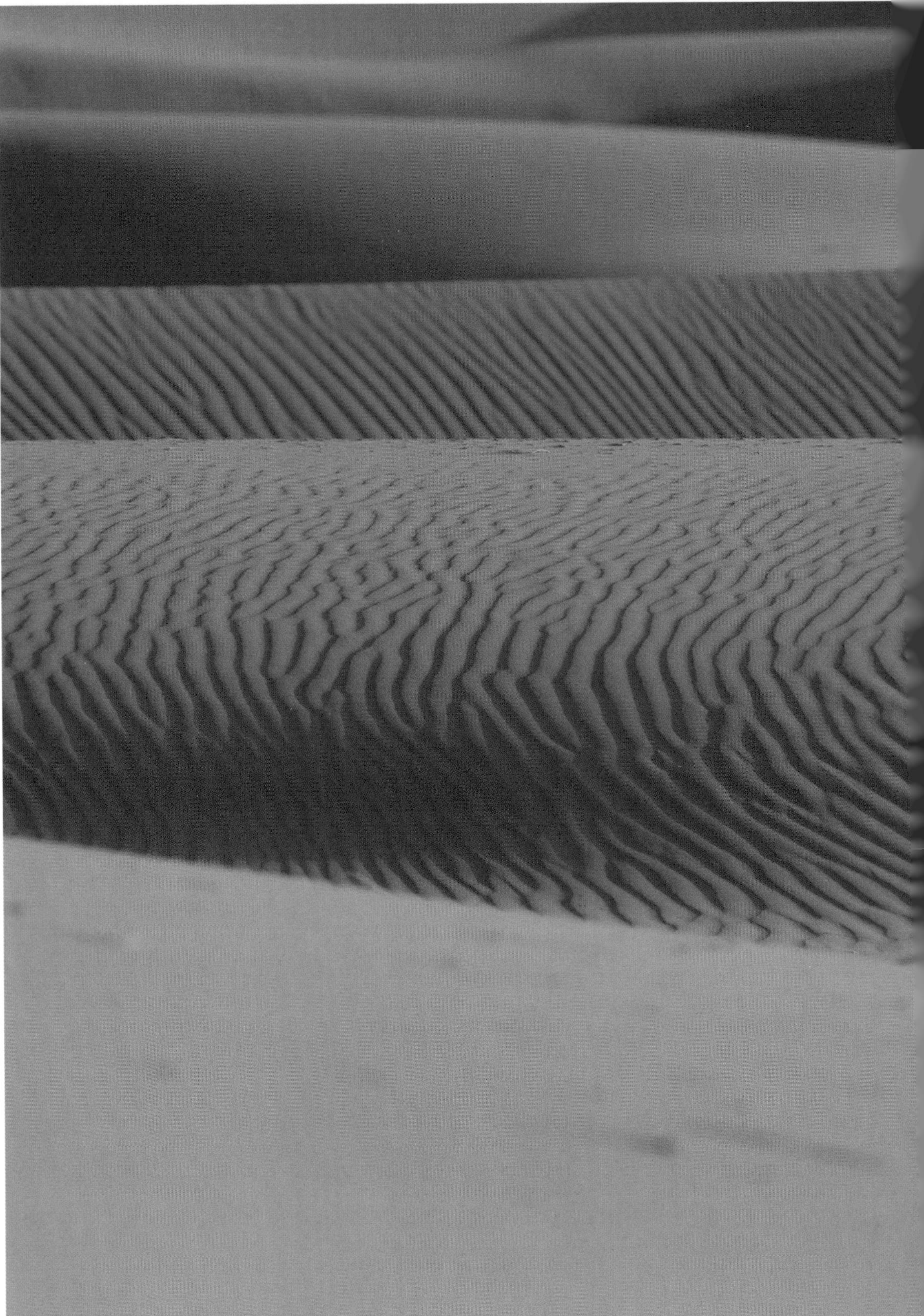

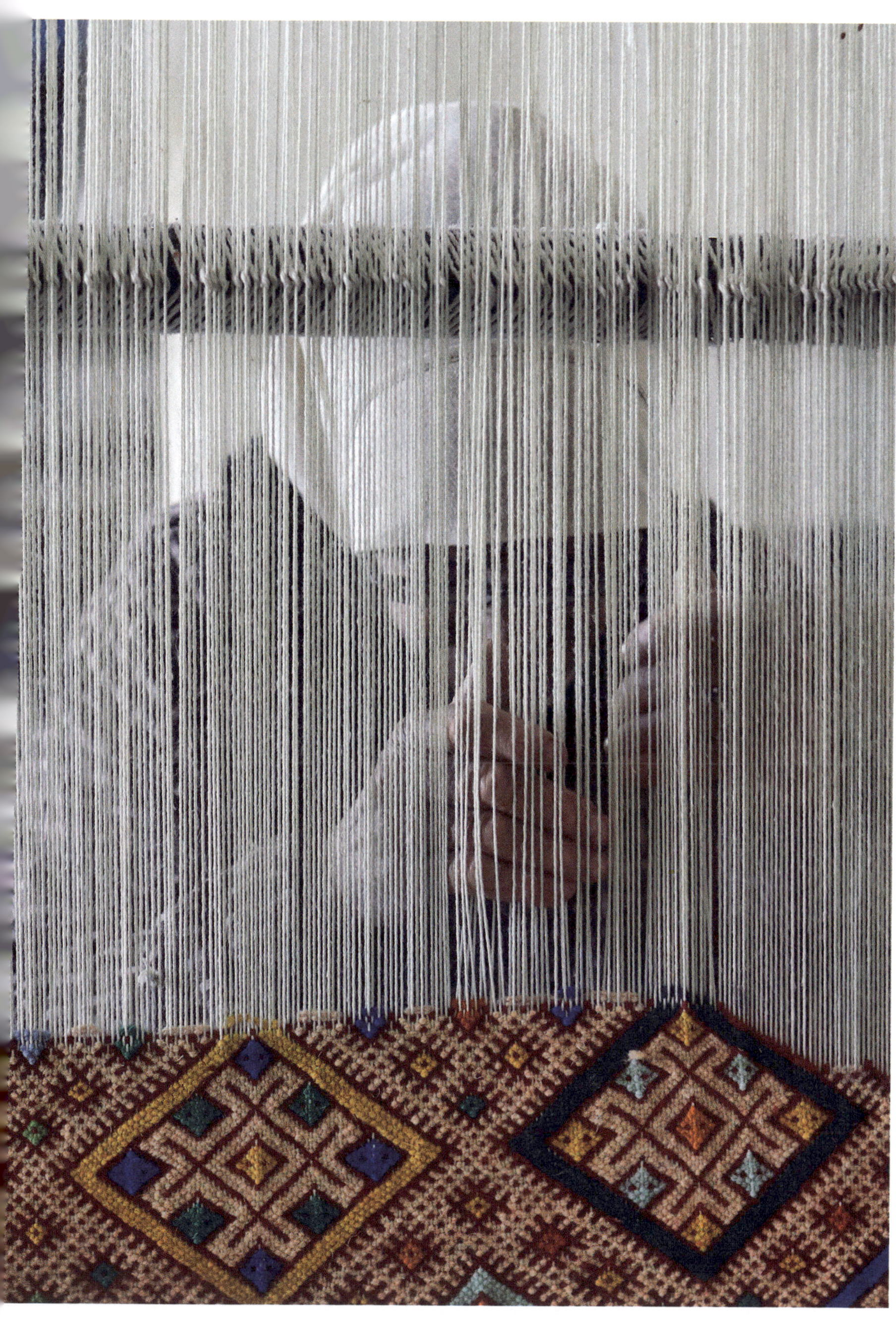

LENIO KAKLEA
Encyclopédie Pratique, Détours, 2019

Inspirée par le sociologue américain Richard Sennett, et notamment par son livre *La Culture du nouveau capitalisme*, où il montre les changements dans le monde du travail induits par le néolibéralisme, la chorégraphe grecque Lenio Kaklea s'interroge sur la pratique chorégraphique comme stratégie d'émancipation. Débuté à Aubervilliers en 2017, son projet est conçu sous la forme d'une enquête sociologique qui dresse un portrait de l'Europe, à travers des pratiques individuelles et collectives. Lenio Kaklea pose ainsi ses caméras dans plusieurs villes dont Poitiers, afin de recueillir les témoignages des habitants. Cet ensemble d'habitudes, de rites et de gestes donnent lieu à une publication et à une nouvelle pièce chorégraphique. Accompagnée de trois danseuses, elle propose des portraits et dessine une nouvelle cartographie. En s'appropriant littéralement les gestes des habitants, Lenio Kakléa dévoile leurs différences mais aussi ce qui les unit, dans des pratiques aussi communes qu'aller « faire du shopping », aussi intimes que « prier » ou aussi poétiques que « vivre le vertige et ne pas basculer dans le vide ». Derrière chacun de ces gestes, qu'ils soient spontanés ou répétitifs, Lenio Kaklea faite émerger les contours de la société en une partition rythmique qui s'articule sur les notions de conformité, aliénation et émancipation.

L.G.

Inspired by the American sociologist Richard Sennett, and in particular by his book *The Culture of the New Capitalism,* in which he demonstrates the changes in the world of labor brought about by neoliberalism, Greek choreographer Lenio Kaklea explores choreographic practice as a strategy for emancipation. Initiated in Aubervilliers in 2017, her project is designed as a sociological survey that paints a portrait of Europe through individual and collective practices. Lenio Kaklea sets up her cameras in several cities, including Poitiers, in order to collect local testimonies. These sets of habits, rituals, and gestures are gathered in a publication and a new choreographic work. Accompanied by three dancers, she presents portraits and draws a new cartography. By literally appropriating the gestures of locals, Lenio Kaklea reveals the similarities and differences in practices as commonplace as "shopping," as intimate as "praying," or as poetic as "experiencing vertigo and not falling into the void." Behind each of these gestures, be they spontaneous or repetitive, Lenio Kaklea reveals the contours of society through a rhythmic score that is articulated around the notions of conformity, alienation, and emancipation.

L.G.

TAP - Théâtre Auditorium de Poitiers

Ouvert en 2008, l'édifice imaginé par l'architecte portugais João Luis Carrilho da Graça a été conçu pour abriter la Scène Nationale de Poitiers, avec des espaces de travail et de rencontres, aussi bien pour les artistes que pour le public.

Opened in 2008, this building designed by Portuguese architect João Luis Carrilho da Graça was conceived to house the Scène Nationale [National Theater] de Poitiers, with work and meeting spaces for both artists and the public.

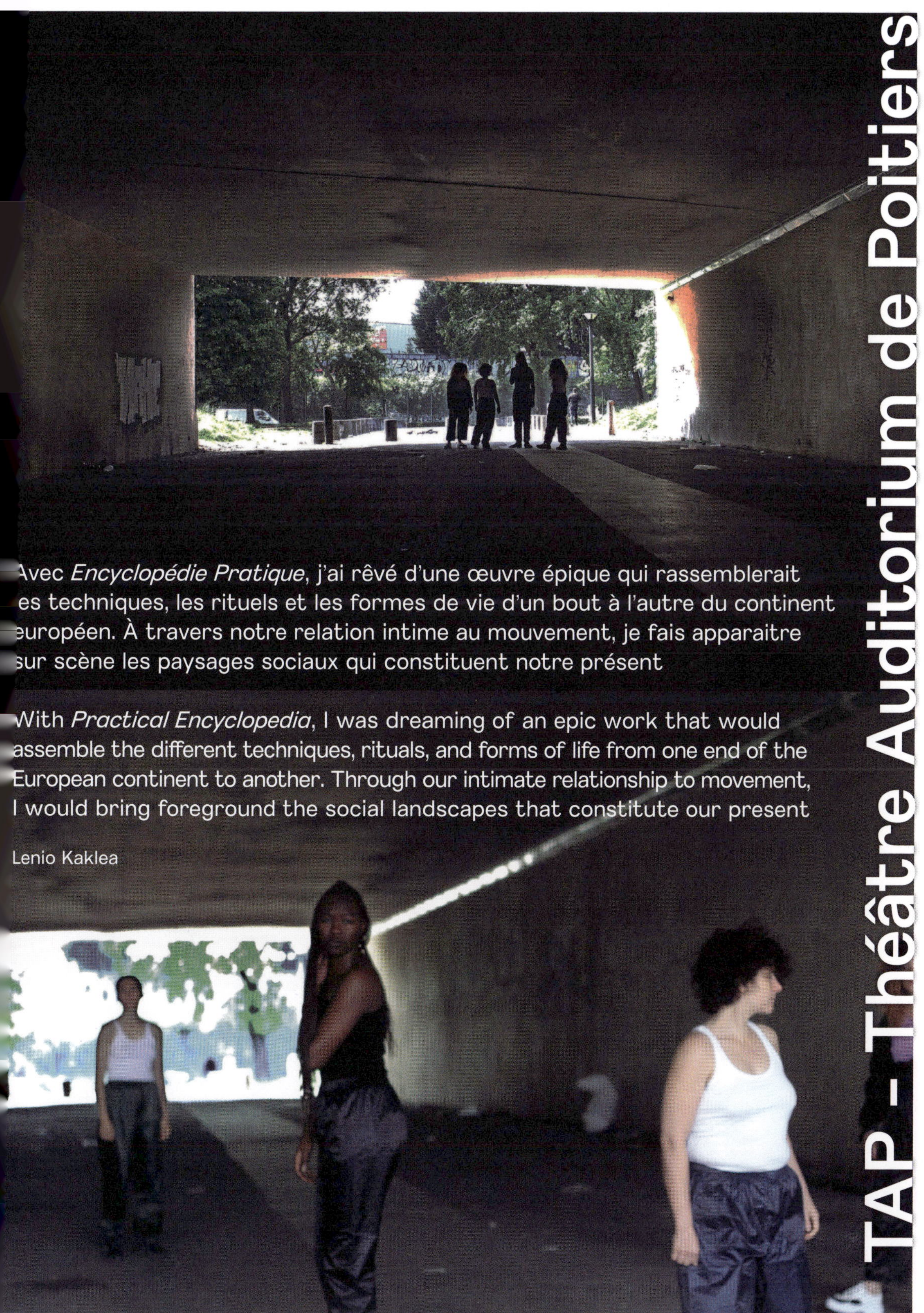

TAP - Théâtre Auditorium de Poitiers

Avec *Encyclopédie Pratique*, j'ai rêvé d'une œuvre épique qui rassemblerait les techniques, les rituels et les formes de vie d'un bout à l'autre du continent européen. À travers notre relation intime au mouvement, je fais apparaitre sur scène les paysages sociaux qui constituent notre présent

With *Practical Encyclopedia*, I was dreaming of an epic work that would assemble the different techniques, rituals, and forms of life from one end of the European continent to another. Through our intimate relationship to movement, I would bring foreground the social landscapes that constitute our present

Lenio Kaklea

KIMSOOJA
Planted Names, 2002

Des dizaines de noms tissés de fils blancs se détachent de deux tapis noir, en hommage aux esclaves de la plantation de Drayton Hall, en Caroline du Sud aux Etats-Unis. Symbole du travail ardu des tisserands et évocation de celui des esclaves, les tapis, dans leur capacité à se déplacer, se ployer ou s'aplatir, entrent en écho aux corps soumis et maltraités des travailleurs des plantations. Gisant au centre de la Sacristie de la Chapelle Saint-Louis de Poitiers, *Planted Names* déploie un chemin de mémoire, celui des traversées incertaines des captifs. « Maison de celui qui n'a pas de maison » selon l'historien de l'art Sergio Bettini, le tapis est également défini par Kimsooja comme un espace hétérotopique, un lieu délimité et multiple, à la fois habitation, stèle et espace de commémoration.

L.G.

Dozens of names woven in white thread appear at the surface of two black carpets, in homage to those that were enslaved at the Drayton Hall plantation in South Carolina, United States. A symbol of the weavers' arduous work and of the enslaved peoples' labor, the carpets, through their ability to be moved, bent, or flattened, echo the maltreated bodies of the plantation workers. Located in the center of the Sacristy of the Chapel of Saint-Louis in Poitiers, *Planted Names* charts a path through memory—the path of the captives' uncertain crossings. The carpet, according to art historian Sergio Bettini the "house of the one who has no house," is for Kimsooja a heterotopic space. It is a place that is both bounded and multiple, at once a dwelling, a stela, and a site of commemoration.

L.G.

Lorsque j'ai visité Drayton Hall et que j'ai appris l'histoire des esclaves afro-américains venus de l'autre côté de l'océan Atlantique, j'ai immédiatement vu cette plantation comme un vaste tapis renfermant les corps des esclaves

When I visited Drayton Hall and learned about the history of African-American slaves from the other side of the Atlantic Ocean, I immediately saw this plantation site as a vast carpet where enslaved bodies were embedded

Kimsooja

Chapelle Saint-Louis

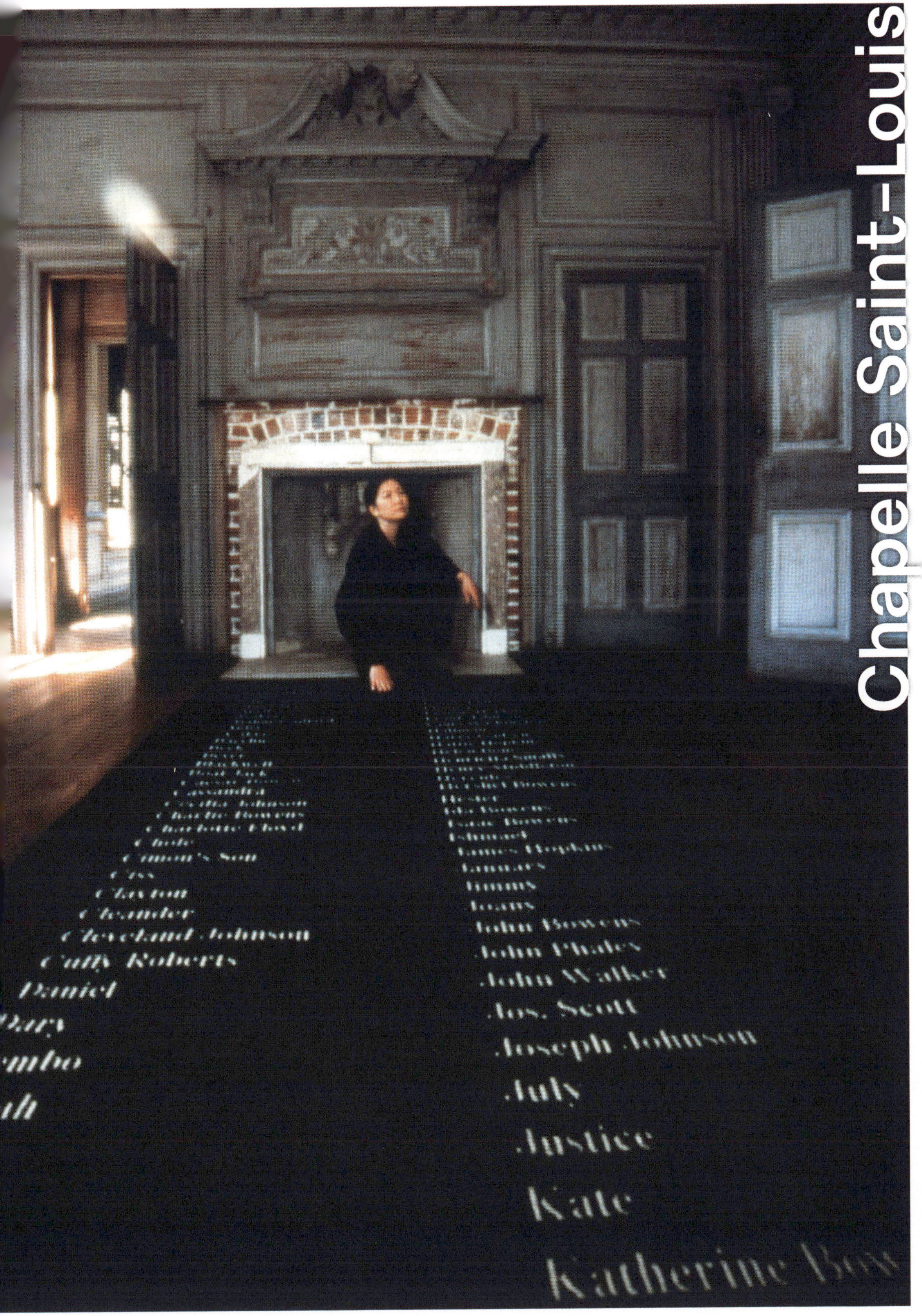

KIMSOOJA

A Homeless Woman Delhi, 2000

Allongée sur le flanc, au sol, la tête soutenue par son avant-bras, Kimsooja adopte, dans *A Homeless Woman - Delhi*, une posture à mi-chemin entre celle des sans-abris endormis des rues et le Bouddha couché. Insensible aux voitures et aux piétons à proximité, l'artiste reste inerte et vulnérable. Les rayons du soleil soulignent doucement les courbes du corps de Kimsooja qui révèle les forces d'oppositions qui s'opèrent, les énergies qui se rencontrent, entre mobilité et immobilité, entre vie et mort. Au fur et à mesure qu'elle tombe dans l'anonymat, l'artiste tend à devenir, selon ses mots, semblable à une pierre. Son corps abandonné, désincarné, questionne, en filigrane, les besoins primordiaux des personnes marginalisées.

L.G.

Lying on her side on the ground, her head propped up with one arm, Kimsooja adopts a posture midway between the homeless sleeping on the streets and the recumbent Buddha in her work *A Homeless Woman – Delhi*. Indifferent to nearby cars and pedestrians, the artist remains inert and vulnerable. The sun gently highlights the curves of her body, revealing the forces of opposition at play, the energies colliding: mobility and immobility, life and death. As she becomes more and more anonymous, the artist becomes, in her words, stone-like. Her abandoned, ghostly body questions the basic needs of marginalized people.

L.G.

Poitiers Film Festival 2019 / TAP
Du 29 novembre au 6 décembre

L'Inde est le premier producteur mondial de films de cinéma, avec près de mille productions par an, et l'hégémonie des puissants studios bollywoodiens laisse peu de place aux productions parallèles. Pourtant, le cinéma indien indépendant, produit en dehors de ces grands studios, existe et un grand nombre de réalisateurs et de jeunes talents perpétuent une tradition de films d'auteur hérités de Satyajit Ray, Guru Dutt ou Raj Kapoor. Mises à l'honneur lors du Poitiers Film Festival 2019, ces réalisations tentent de nouvelles esthétiques, se rapprochent du quotidien des Indiens avec une vision sociale plus critique.
A plusieurs reprises, Kimsooja pose ses caméras dans les rues de Mumbai et de New Delhi, des rues bondées aux dédales des bidonvilles, des sans-abris endormis aux laveurs de linge. Ses vidéos *A Homeless Woman - Delhi* et *Mumbai : A Laundry Field* mettent en valeur la dimension poétique, socio-culturelle et politique de ces moments d'activités urbaines.

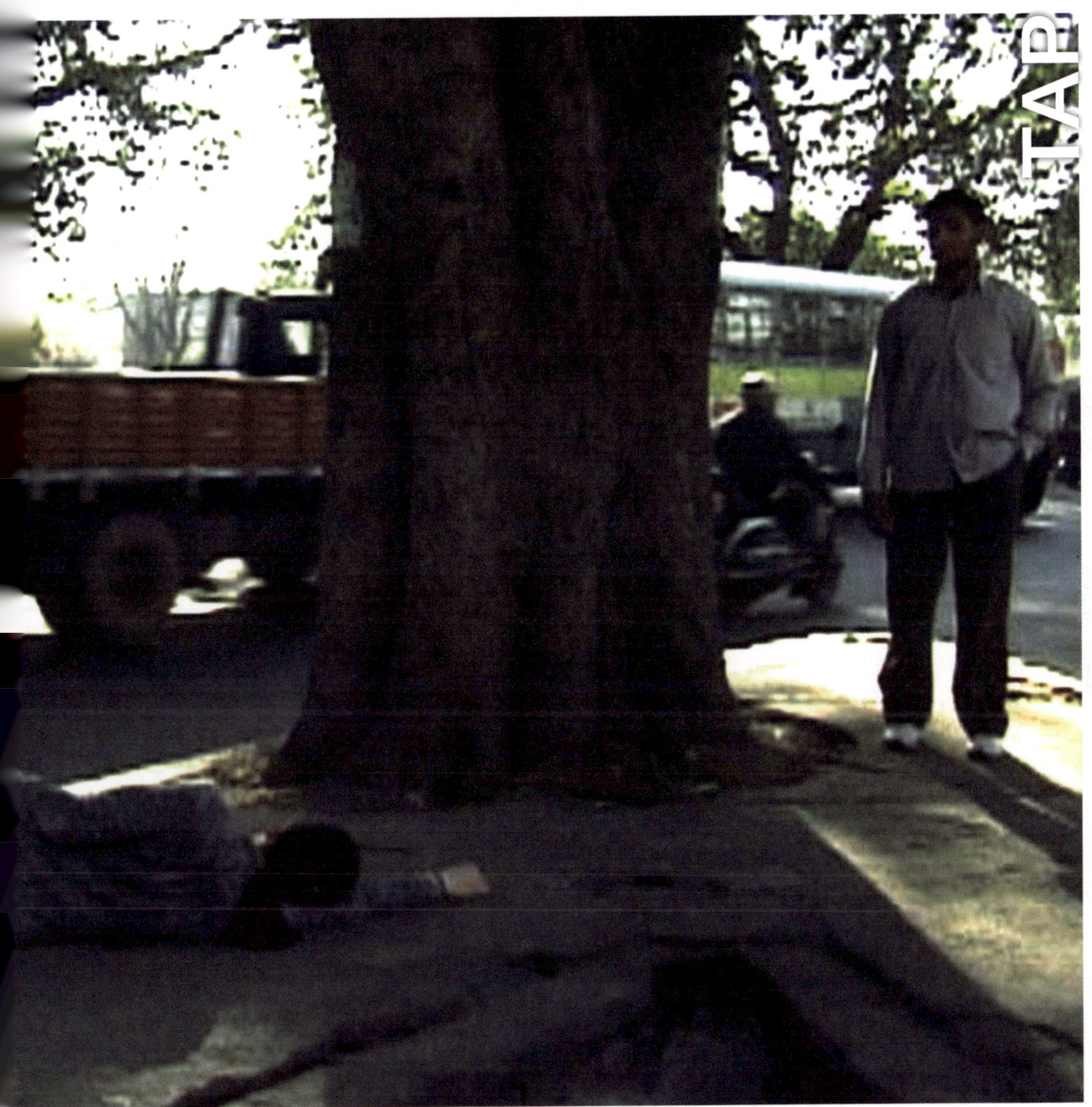

Poitiers Film Festival 2019 / TAP
From November 29th to December 6th

India is the world's leading film producer, with nearly a thousand productions per year. Bollywood studios' powerful hegemony leaves little room for alternative productions. Yet, Indian independent cinema, produced outside these large studios, is thriving and a large number of directors and young talents continue a tradition of auteur films inherited from Satyajit Ray, Guru Dutt, and Raj Kapoor. Highlighted during the 2019 Poitiers Film Festival, these productions attempt to create new aesthetics that approach the everyday lives of Indians through a more critical, social vision.
On several occasions, Kimsooja turns to the streets of Mumbai and New Delhi with her camera, capturing crowded streets and labyrinthine shanty towns, the sleeping homeless and the launderers. Her works *A Homeless Woman - Delhi* and *Mumbai: A Laundry Field* highlight the poetic, socio-cultural, and political dimension of these moments of urban activity.

SAMMY BALOJI

Tales of the Copper Cross Garden, 2017
Untitled, 2016

La République Démocratique du Congo, pays d'origine de Sammy Baloji, est la toile de fond de son exploration de l'histoire contemporaine et de sa critique à l'encontre du passé colonialiste occidental et des désillusions qui s'en sont suivies. Peu à peu, le paysage montagneux de cette région s'est transformé sous les machines de construction et les ambitions architecturales, participant à entériner l'illusion d'un triomphe colonialiste. Aux gratte-ciels clinquants se sont rapidement opposées les réalités quotidiennes des habitants et, au fur et à mesure, se sont creusés de nombreux écarts sociaux. De multiples structures politiques, économiques et culturelles ont joué le jeu du colonialisme et ont participé à ce déclin. Martelée par les extractions

The Democratic Republic of the Congo, where Sammy Baloji is from, forms the backdrop to his examination of contemporary history and his critique of the Western colonialist past and the disillusionment it gave way to. Gradually, the mountainous landscape of this region was transformed by construction machinery and architectural projects, bolstering the illusion of colonial victory. The everyday realities of the locals quickly clashed with the glittering skyscrapers and, over time, the social gap widened. Many political, economic, and cultural structures played the colonial game and contributed to this decline. Beaten down by the mining industry, the earth has opened

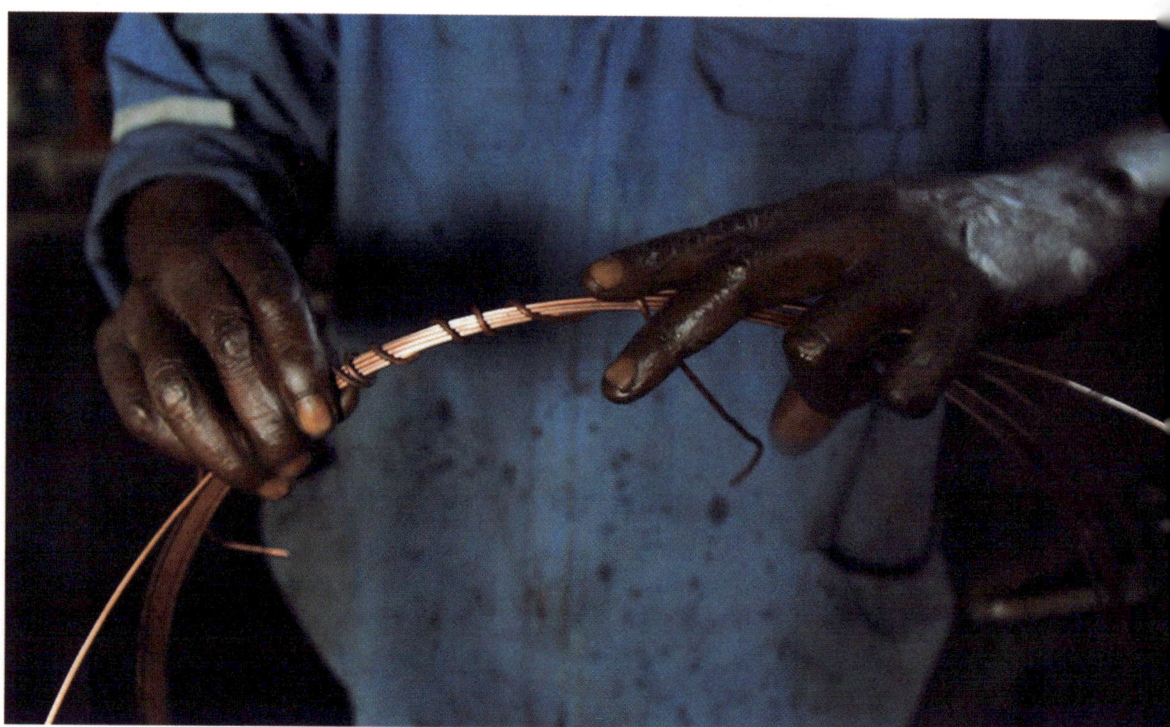

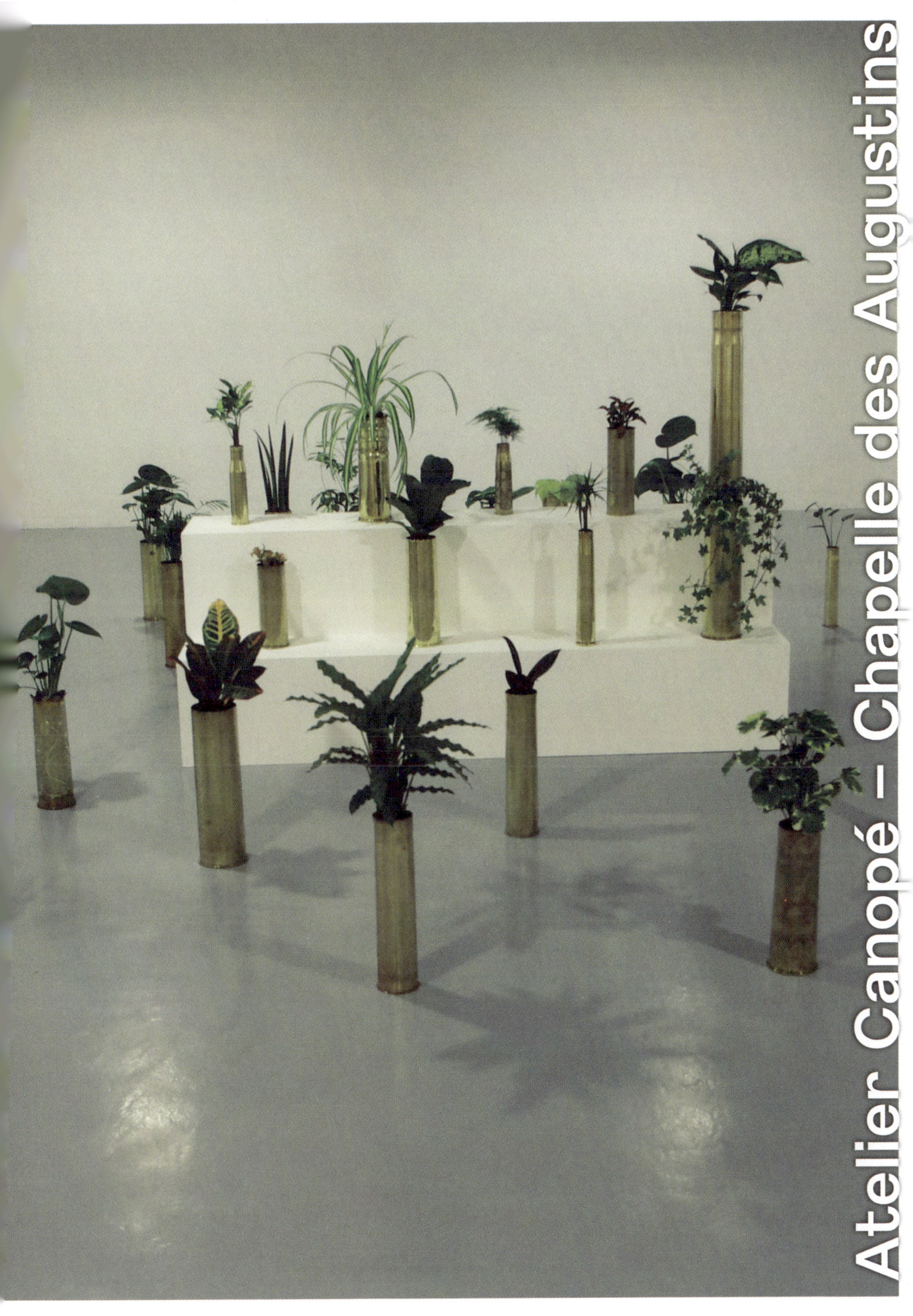
Atelier Canopé – Chapelle des Augustins

minières, la terre s'est ouverte en une plaie béante, un « trou » noir à la fois physique et métaphorique que Sammy Baloji, par ses œuvres, tente de révéler et de suturer. Aux travailleurs de cuivre de *Tales of the Copper Cross Garden* qui exécutent une chorégraphie hypnotique, s'entremêlent les chants d'un choeur de jeunes garçons et des écrits religieux, en un théâtre dénonçant le rôle prépondérant de l'Eglise dans l'entreprise coloniale. Sammy Baloji excave les trous de la mémoire pour extraire de nombreuses histoires oubliées, dont les conséquences abîment encore actuellement la République Démocratique du Congo et le monde entier. Avec une apparente poésie, l'artiste vient orner des douilles de plantes exotiques, comme le font de nombreuses familles belges. Pour autant, ces restes d'obus symbolisent une exploitation sans répit des ressources congolaises, sans lesquelles les guerres n'auraient pu se dérouler. Une fois garnies de plantes exogènes venues du pays natal de Sammy Baloji mais présentes dans toutes les pépinières européennes, l'artiste signale une urgence écologique et les conséquences catastrophiques des multiples importations, qu'elles soient minières ou végétales, qui continuent de défigurer le pays.

L.G

into a gaping wound, a black "hole", that is at once physical and metaphorical—a hole which Sammy Baloji tries to reveal and repair in his work. Copper workers in *Tales of the Copper Cross Garden*, performing a hypnotic choreography, are joined by the songs of boys' choir and religious texts, in a performance that denounces the Church's predominant role in the colonial enterprise. Sammy Baloji excavates gaps of remembrance to extract forgotten histories, the consequences of which are still damaging the Democratic Republic of the Congo and the world today. The artist poetically decorates cartridge cases with exotic plants, as do many Belgian families. However, these remnants of shells symbolize the relentless exploitation of Congolese resources, without which wars could not have taken place. Having been decorated with exogenous plants from Sammy Baloji's native country, which can also be found in all European nurseries, these cases point to ecological emergency and the catastrophic consequences of plant and mining imports, which continue to disfigure the country.

L.G.

Atelier Canopé - Chapelle des Augustins

Du XIIe au XVIIe siècles, l'abbaye Saint-Hilaire-de-la-Celle de Poitiers est occupée par les Augustins. Si les bâtiments conventuels ont été reconstruits à partir du XVIIe siècle, la chapelle conserve des éléments sculptés du XIIe. La coupole nervée sur trompe de la croisée du transept est un bel exemple du style gothique angevin.

From the 12th to the 17th centuries, the Abbey of Saint-Hilaire-de-la-Celle in Poitiers was occupied by the Augustinians. Although the monastic buildings were rebuilt beginning in the 17th century, the chapel still retains its 12th century carved elements. The ribbed dome on the trunk of the transept crossing is a fine example of the Gothic Angevin style.

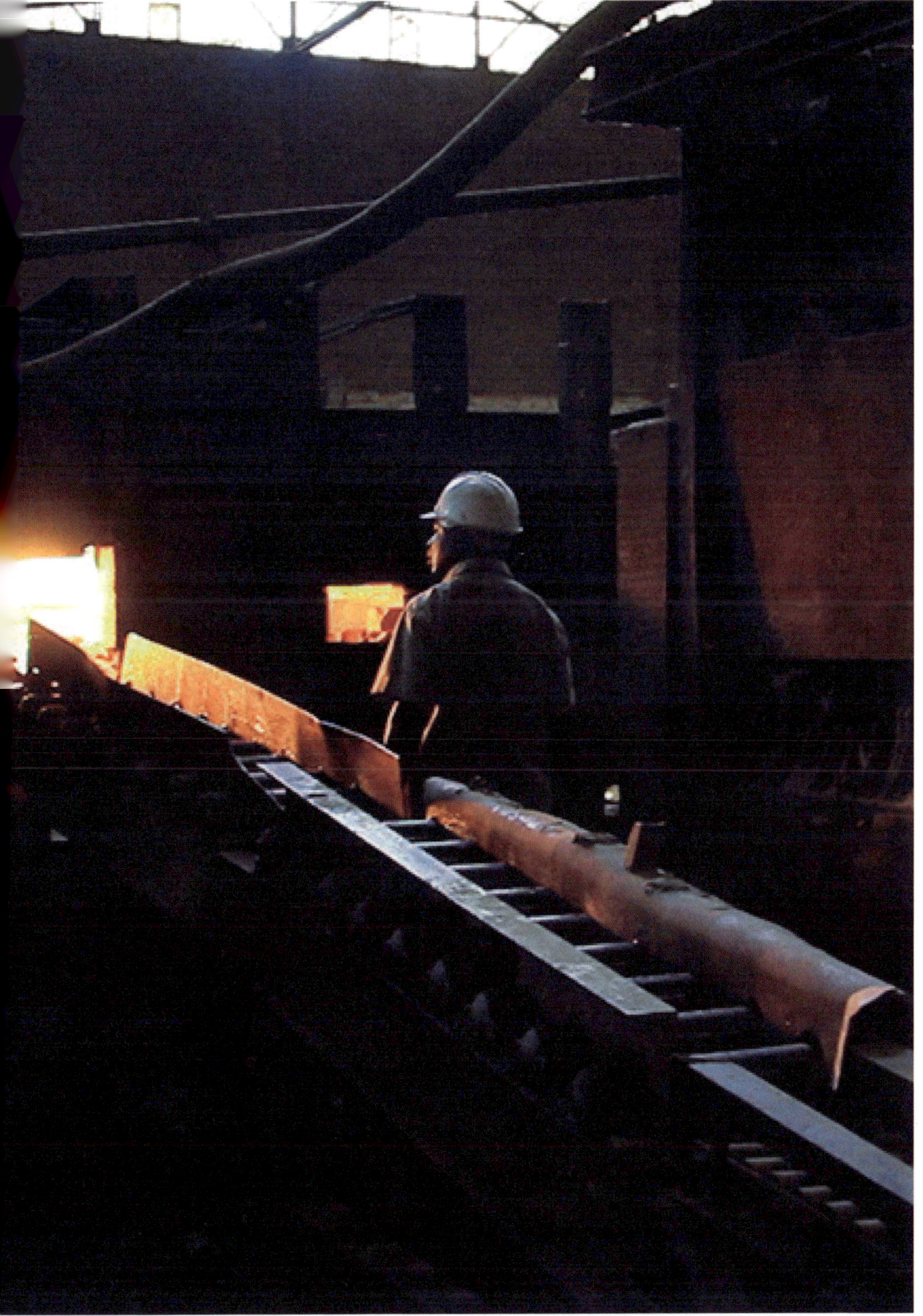

THOMAS FERRAND

Des Sauvages parmi nous, 2019

Artiste-chercheur en botanique,Thomas Ferrand a entrepris depuis quelques années de s'interroger sur la colonisation du monde et des autres formes de vie par l'humain. Il développe cette recherche à partir de la pratique de cueillette de plantes sauvages avec Anne Lanciotti, avec qui il a fondé l'association Sauvages. Influencé par ses nombreux exils volontaires, notamment en Corée du Sud où il a découvert la cuisine « San Namul » à base de plantes sauvages, il utilise ses collectes pour inventer des recettes et proposer des ballades ethno-botaniques où il aborde diverses notions telles que « plantes et migrations ». Du Jura à Brooklyn, en passant par Poitiers, il emmène les promeneurs à la découverte de la flore des espaces ruraux et urbains. Au cœur des Halles du Marché Notre-Dame de Poitiers, Thomas Ferrand propose une dégustation de plats à base de plantes sauvages recueillies dans la région, ainsi que des spécialités coréennes préparées avec le restaurant Grand Ours. Cette expérience partagée prend également la forme de lectures performées et d'un objet éditorial conçu en collaboration avec le dessinateur Otto T.

L.G.

Artist and botanist Thomas Ferrand has, for the past several years, investigated the colonization of the world and of other forms of life by humans. He has developed this research by gathering wild plants with Anne Lanciotti, with whom he founded the organization Sauvages [Wild]. Influenced by his many voluntary exiles, particularly in South Korea, where he discovered the "San Namul" cuisine, which is based on wild plants, he uses his collections to invent recipes and devise ethno-botanical walks, in which he discusses various concepts such as "plants and migrations." From the Jura to Brooklyn, via Poitiers, Ferrand takes groups on a journey to discover the flora in rural and urban areas. Inside the Halles du Marché Notre-Dame in Poitiers, Thomas Ferrand offers a tasting of dishes made with wild plants gathered in the region, as well as Korean specialties prepared with the restaurant, Grand Ours. This shared experience also takes the form of performative readings and of an editorial object designed in collaboration with cartoonist Otto T.

L.G.

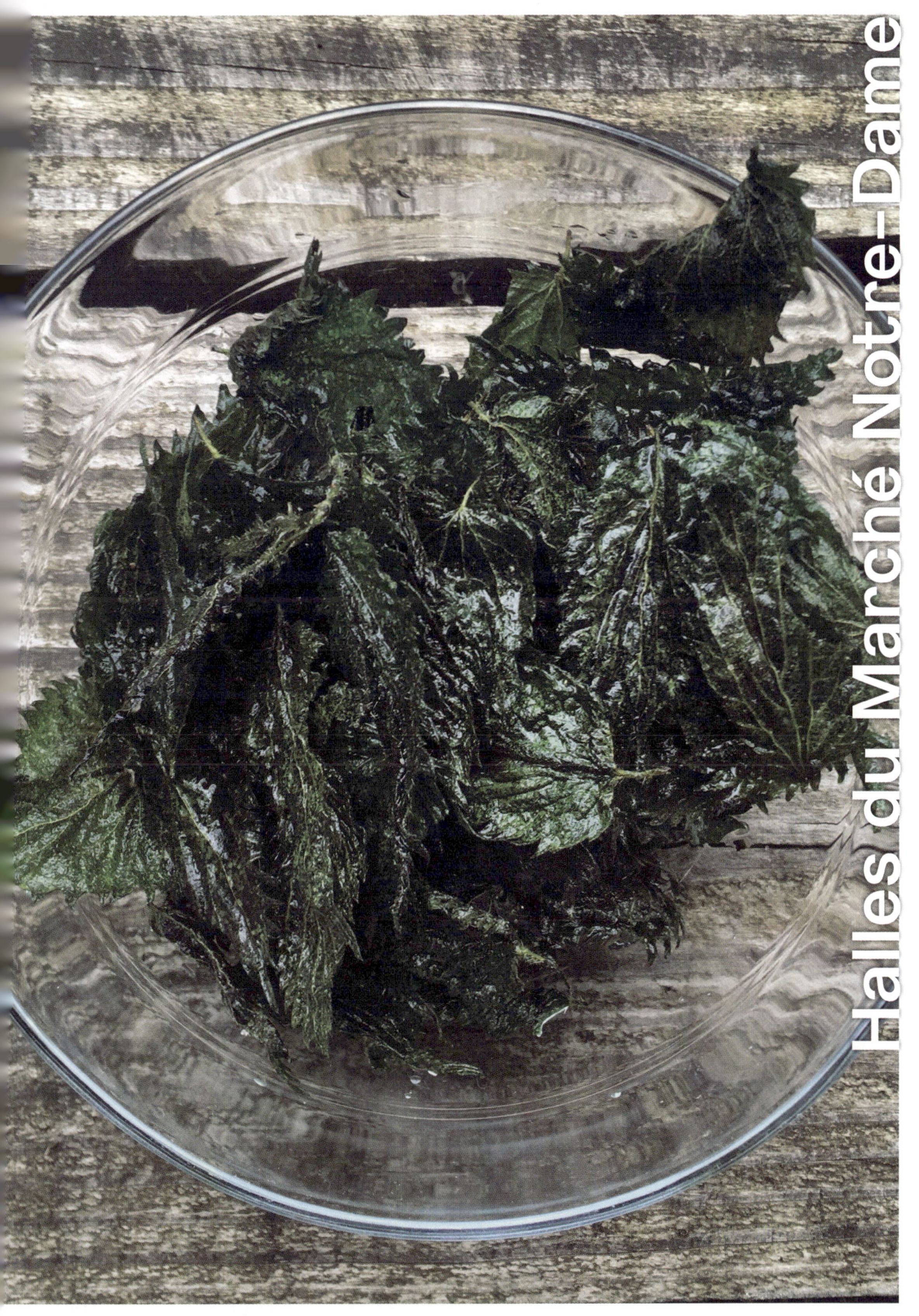
Halles du Marché Notre-Dame

Lors de ma venue à Poitiers, j'ai passé beaucoup de temps à rencontrer les habitants et à explorer le territoire. J'ai parcouru les friches et la ville, les alentours de la Villa Bloch mais aussi Saint-Benoît et Chauvigny. J'ai cueilli l'achillée millefeuilles, le millepertuis et le tilleul. J'ai ramassé de la reine-des-près, des noix immatures pour un vin et des racines de benoîte urbaine. Cueillir, collecter et cuisiner posent de multiples questions : qu'elles soient écologiques, anthropologiques ou même politiques. Cela fait partie de notre histoire oubliées dans nos sociétés industrielles

Thomas Ferrand

When I visited Poitiers, I spent a lot of time meeting locals and exploring the area. I walked through the wastelands and the city and around the Villa Bloch, Saint-Benoît, and Chauvigny. I gathered yarrow, St. John's wort, and lime. I picked meadowsweet, immature nuts for a wine, and roots of Geum urbanum. Gathering, collecting, and cooking raise many questions, be they ecological, anthropological, or even political. This is part of the forgotten history of our industrial societies

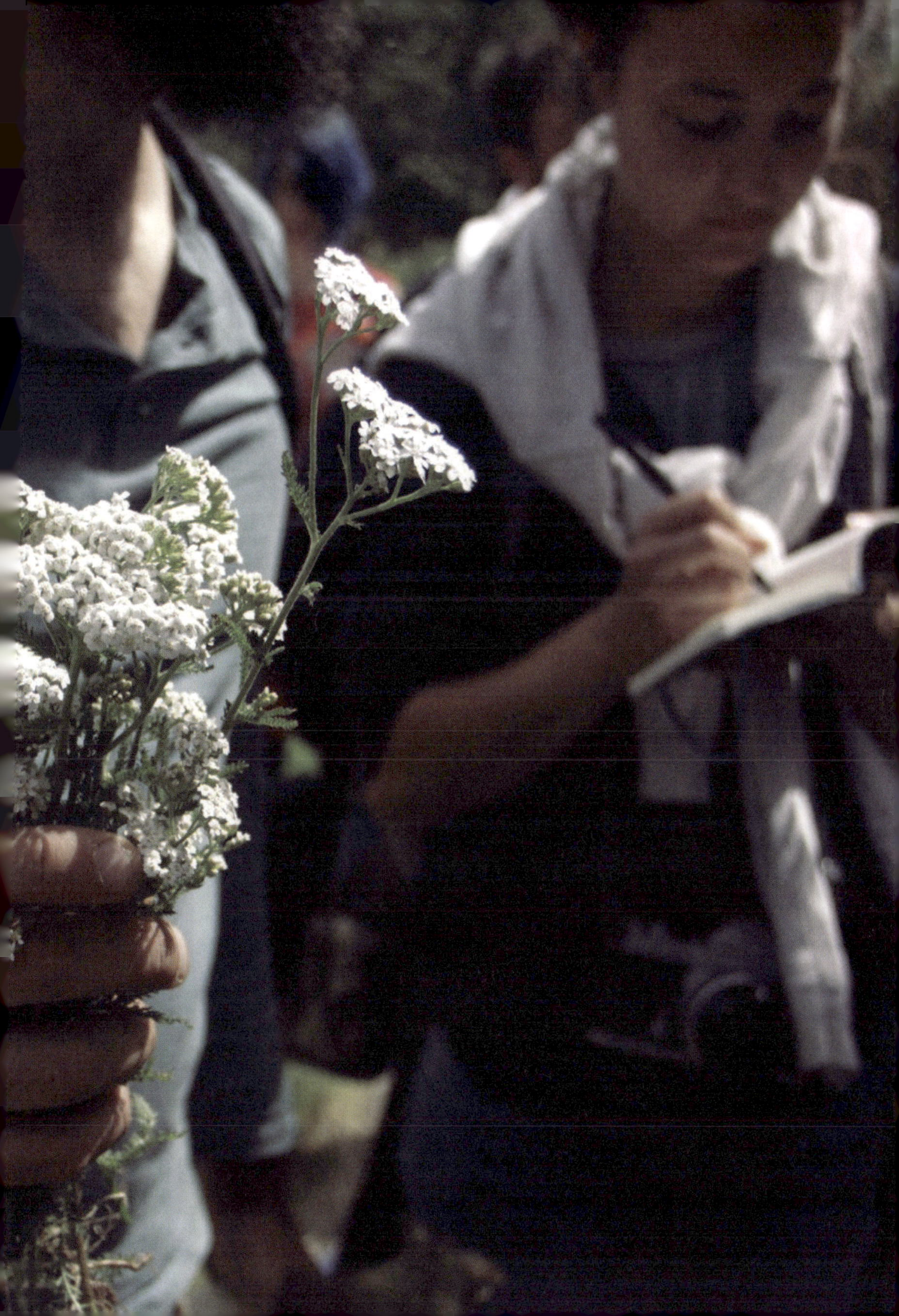

RIRKRIT TIRAVANIJA

Untitled (the infinite dimensions of smallness), 2018

Né en Argentine, l'artiste thaïlandais Rirkrit Tiravanija a été nourri par le nomadisme, la globalisation grandissante et les échanges que ce mode de vie sous-tend. Depuis le début des années 1990, il propose des espaces d'hospitalité propices à l'interaction. En introduisant des actions du quotidien dans des lieux artistiques, ses œuvres deviennent le support d'un riche dialogue entre l'art et la vie, générant d'autres regards sur le monde.

A Poitiers, sa composition de bambou s'inscrit en tension avec le musée Sainte-Croix, prouesse architecturale brutaliste, construit à partir des plans de Jean Monge. Face à face, les deux structures labyrinthiques se répondent, les nouages de *Untitled 2018 (the infinite dimensions of smallness)* semblent s'offrir comme un contrepoint

Born in Argentina, Thai artist Rirkrit Tiravanija draws from the rise of globalization, nomadism, and the new kinds of relationships these conditions enable, in his work. Since the early 1990s, he has been producing welcoming spaces conducive to interaction. By introducing everyday activities into art spaces, his work generates a platform for a rich dialogue between art and life, producing new perspectives on the world.

In Poitiers, his bamboo composition stands in contrast to the musée Sainte-Croix, a brutalist architectural feat, designed by Jean Monge. Facing each other, the two labyrinthine structures are in dialogue: the knotting in *Untitled 2018 (the infinite dimensions of smallness)* seems to offer a counterpoint to

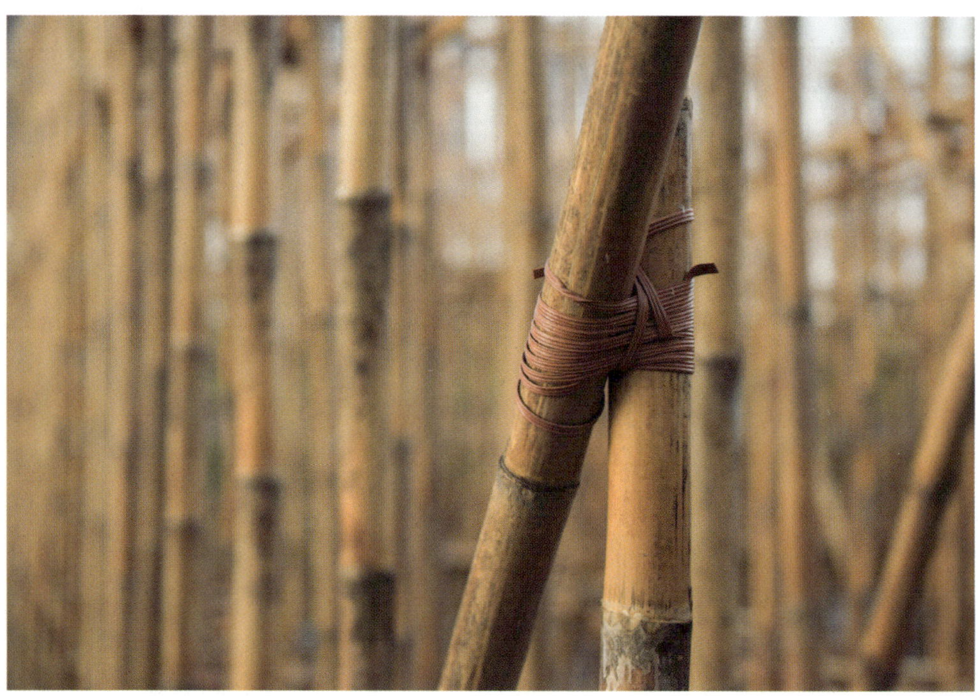

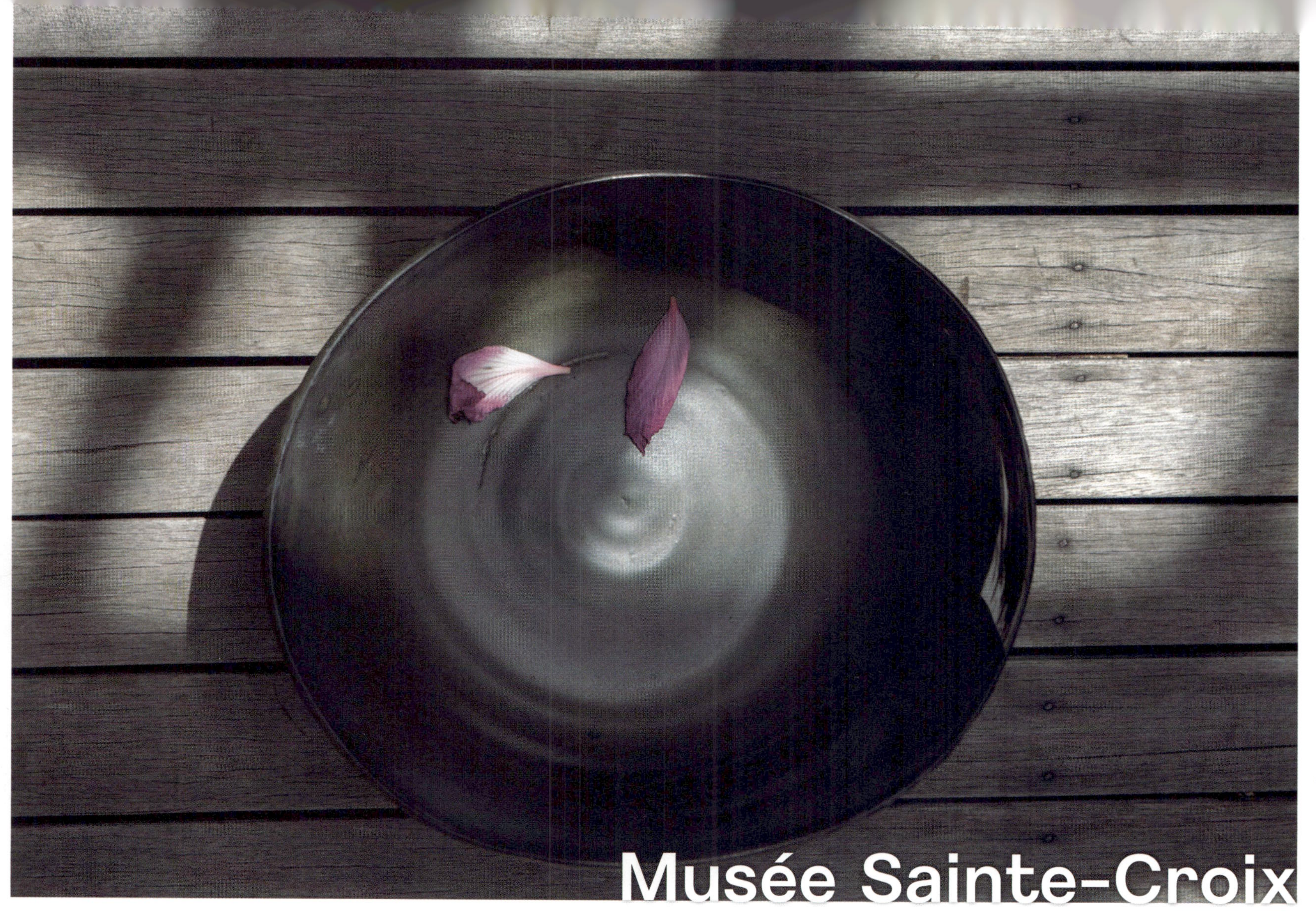
Musée Sainte-Croix

à l'architecture anguleuse du vaste bâtiment de béton. Invités à s'aventurer au cœur de ce dédale, les visiteurs se croisent et s'aperçoivent à travers les cloisons de bambou. Au centre de cette jungle à ciel ouvert se cache une maison de thé, un abri au sein duquel faire une halte et participer à une cérémonie traditionnelle. Inspiré par les échafaudages asiatiques et la riche culture du thé, Rirkrit Tiravanija brouille les frontières entre l'art et le public, entre l'Orient et l'Occident, et incite au ralentissement et à l'échange dans cet enchevêtrement énigmatique et poétique.
A l'invitation de Rirkrit Tiravanija, l'artiste Mai Ueda conçoit une cérémonie de thé qui, si elle en reprend les codes essentiels, les revisitent pour offrir une expérience partagée et multiculturelle. Elle initie, au sein de la maison de thé de *Untitled 2018 (the infinite dimensions of smallness)*, un rituel qui sera perpétué le temps de *Traversées / Kimsooja* en collaboration avec l'association Omotenashi.

L.G.

the angular architecture of the vast concrete building. Visitors are invited to venture into this maze, crossing paths and catching sight of each other through the bamboo walls. At the center of this open jungle is a tea house, a shelter in which to pause and take part in a traditional ceremony. Inspired by Asian bamboo scaffolding and the rich culture of tea, Rirkrit Tiravanija blurs the boundaries between art and the public, between East and West, encouraging visitors to slow down and talk in this enigmatic and poetic entanglement.
Invited by Rirkrit Tiravanija, the artist Mai Ueda has designed a tea ceremony which takes up the ceremony's essential codes while reimagining them to produce a shared, multicultural experience. Within *Untitled 2018 (the infinite dimensions of smallness)* tea house, she launches a ritual that will continue to be executed in collaboration with Omotenashi association throughout the duration of *Traversées / Kimsooja.*

L.G.

Musée Sainte-Croix

Inauguré par Jean Monge en 1974, le musée de style brutaliste présente des formes résolument modernistes qui mettent en avant les particularités du béton armé laissé brut, justifiant sa labélisation « Patrimoine du XXe siècle ». Classé « Musée de France », le musée municipal abrite des collections archéologiques depuis la Préhistoire, en passant par des vestiges de l'époque gallo-romaine jusqu'au Moyen Age, ainsi que la 3ème collection publique française d'œuvres de Camille Claudel.

Inaugurated by Jean Monge in 1974, the brutalist style museum presents distinctly modernist forms that highlight the particularities of the untreated, reinforced concrete, which accounts for its designation as a "20th Century Heritage" site. Classified as a "Museum of France," the municipal museum houses archaeological collections dating from prehistoric times—including Gallo-Roman remains to the Middle Ages, but also the third french public collection of Camille Claudel's artworks.

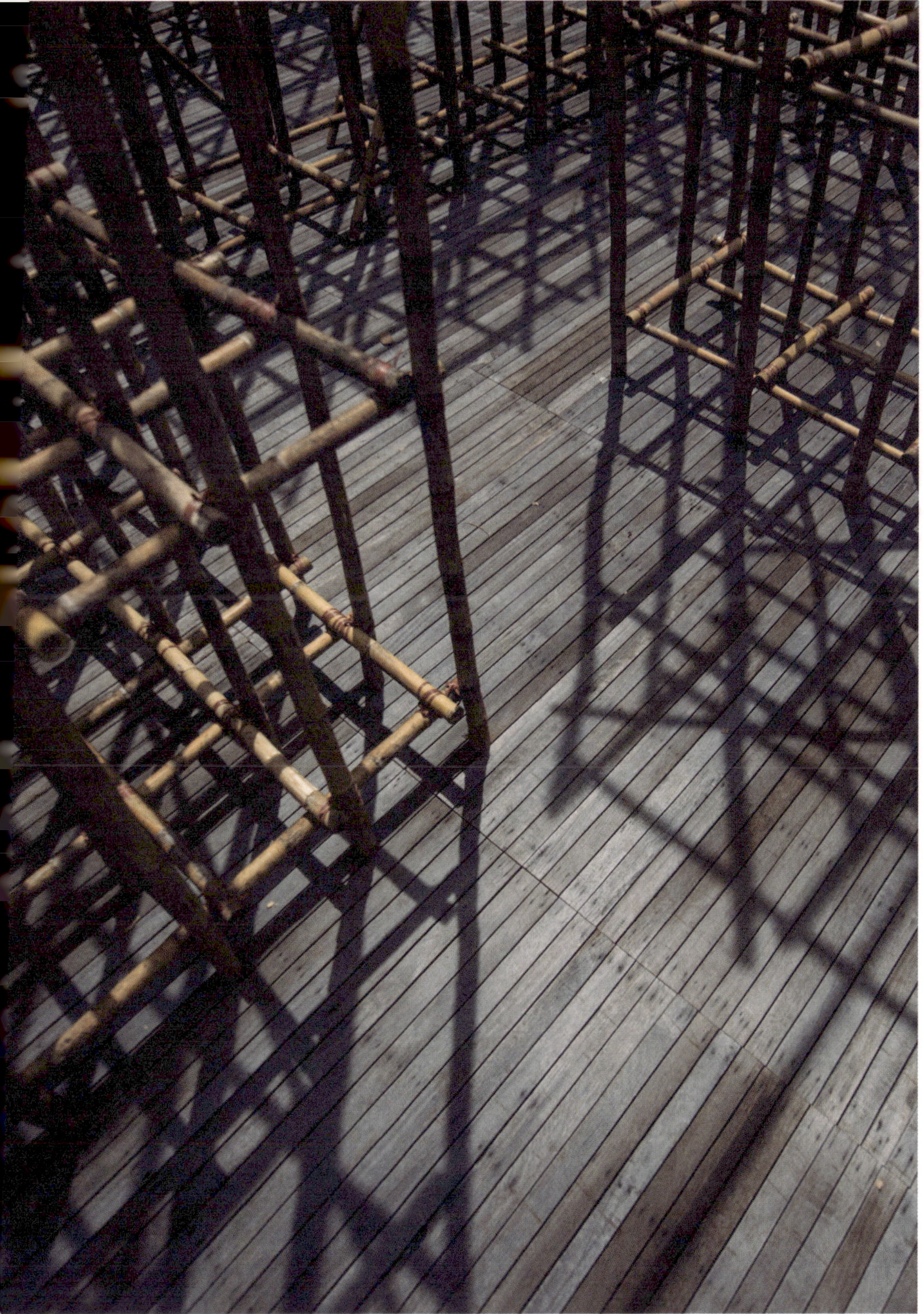

KIMSOOJA
Thread Routes I, 2010
Thread Routes II, 2011
Thread Routes III, 2012

Projetés sur une structure triangulaire, les trois premiers chapitres de la série de films *Thread Routes* de Kimsooja s'installent dans la salle Germain Bonnet du Musée Sainte-Croix. En lien avec les machines textiles encore présentes dans cet espace inconnu du public, les films non-narratifs forment une mosaïque d'éléments communs quant au traitement du textile dans différentes zones géographiques. Tourné au Pérou en 2010, le premier chapitre explore la culture du tissage de cette région, en des allers-retours visuels entre les fils de laine, la vallée sacrée autour de Cusco, le Machu Picchu ou encore les villages de l'île de la Tequila. Un lien indissociable unit les habitants à leur environnement, perceptible dans leurs créations directement nourries des structures archéologiques et les paysages qui les entourent. En 2011, Kimsooja achève le second chapitre de *Thread Routes* et y documente les traditions de fabrication de la dentelle à travers l'Europe. De la Belgique à l'Italie en passant par la Croatie, l'Espagne et la France, les scènes de couture se succèdent et s'entremêlent aux différentes architectures européennes. Considérés pour certains comme des symboles de pouvoir et d'une certaine « masculinité », les bâtiments et leurs motifs évoquent pourtant la confection délicate et féminine du tissage. Pour le troisième chapitre, Kimsooja voyage à Gujarat, en Inde, et y étudie les pratiques traditionnelles de broderie, teinture, tatouage, tissage ou encore gravure sur bois qui, tour à tour, se juxtaposent aux paysages et aux hébergements temporaires de plusieurs communautés nomades. A travers cette chronologie non-linéraire, l'artiste tisse des liens autour du monde, en révélant les similarités et les singularités.

L.G.

Projected on a triangular structure, the first three chapters of the film series *Thread Routes* by Kimsooja are on view in the Germain Bonnet room at the Musée Sainte-Croix. Original textile machines from the museum collection are still present in the space, which is largely unknown to the public. Kimsooja's films are connected to the textile machinery by the common elements of textile craft in different areas of the world in a non-narrative manner. Shot in Peru in 2010, the first chapter of *Thread Routes* explores weaving culture in this region by shuttling between the wool yarns, the sacred valley around Cusco, Machu Picchu, and villages of Tequila island. An inseparable juxtaposition uniting the inhabitants weaving activities to their environment is inter-related in this film, revealing the local archaeological structures and forms of nature around them. In 2011, Kimsooja completed the second chapter of *Thread Routes* and documented the traditions of lacemaking across Europe. From Belgium to Italy, Croatia, France, and Spain, shots of sewing are intercut with scenes of geometric European architecture. Symbols of power and "masculinity," the buildings and their motifs nevertheless evoke the delicate and feminine craft of weaving. For the third chapter, Kimsooja traveled to Gujarat in India to explore the traditional practices of embroidery, dyeing, tattooing, weaving, and wood engraving, which in turn are juxtaposed with landscapes and temporary dwellings of several nomadic communities. Through this non-linear chronology, Kimsooja weaves links throughout the world, revealing similarities and singularities.

L.G.

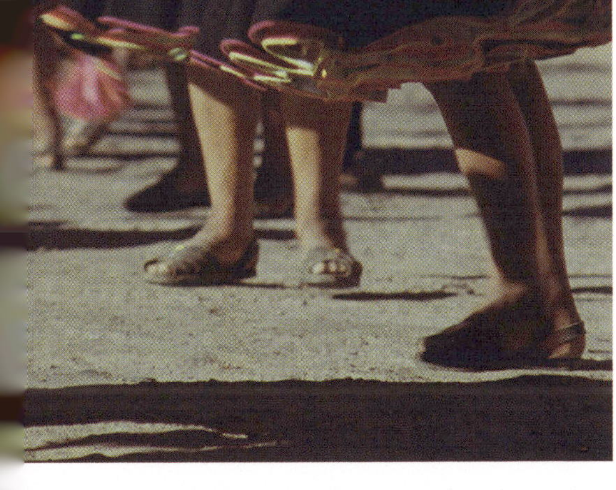

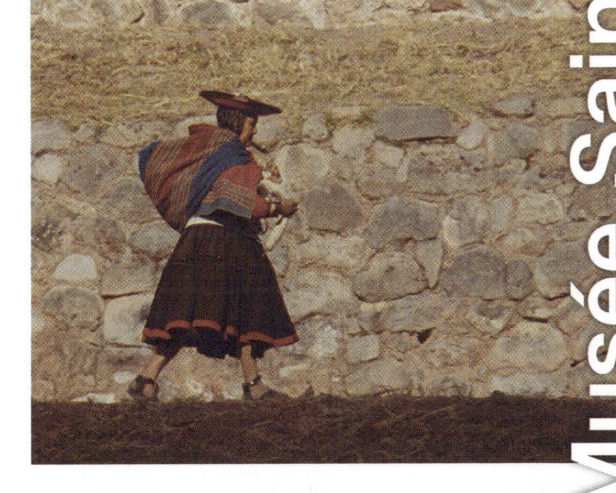

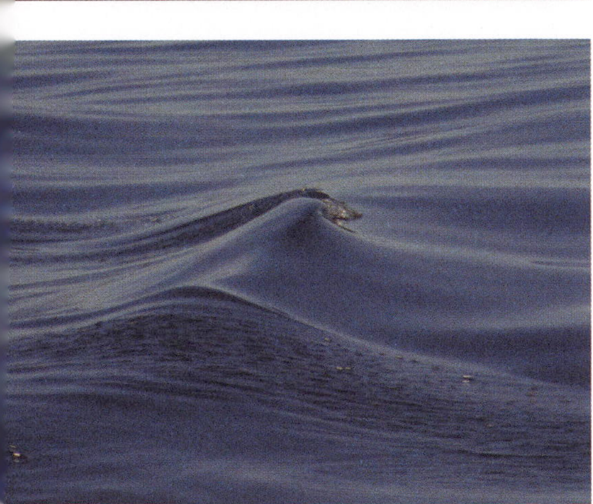

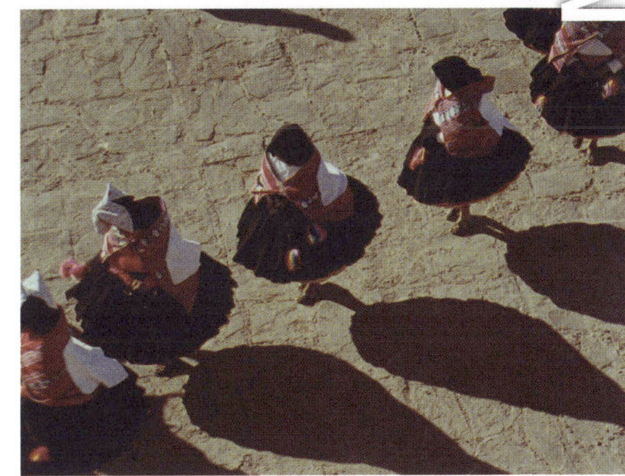

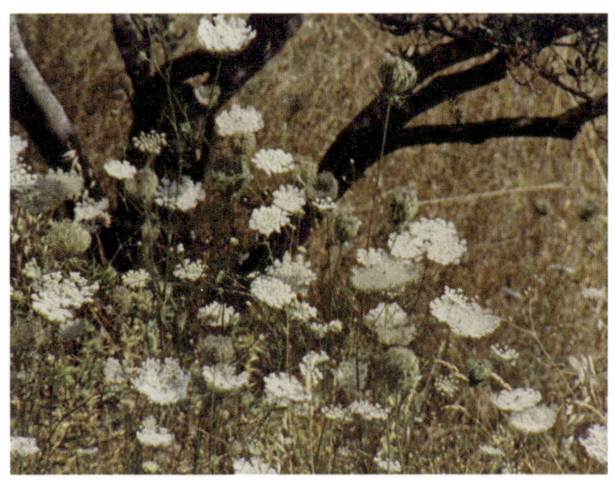

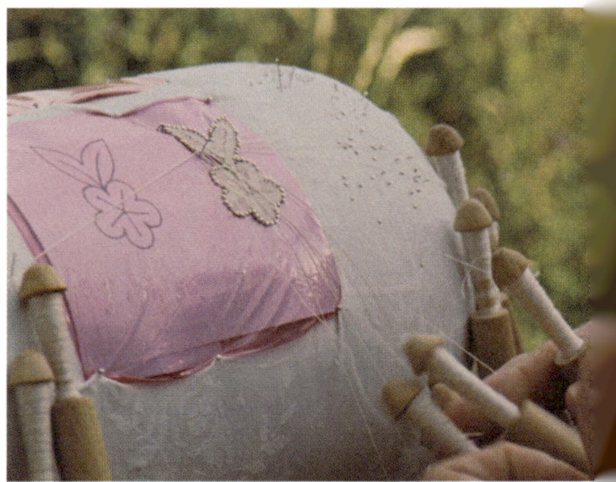

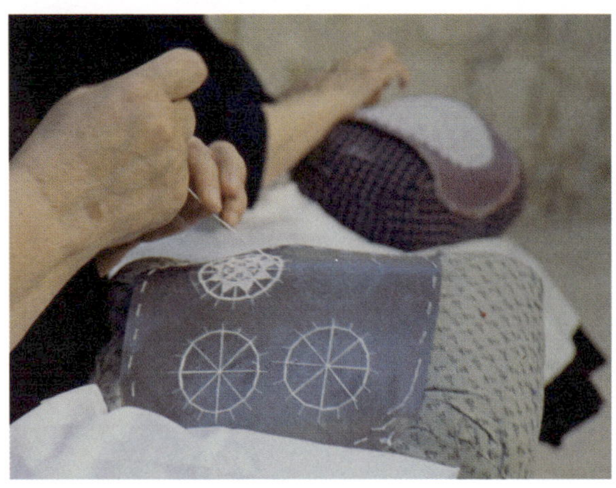

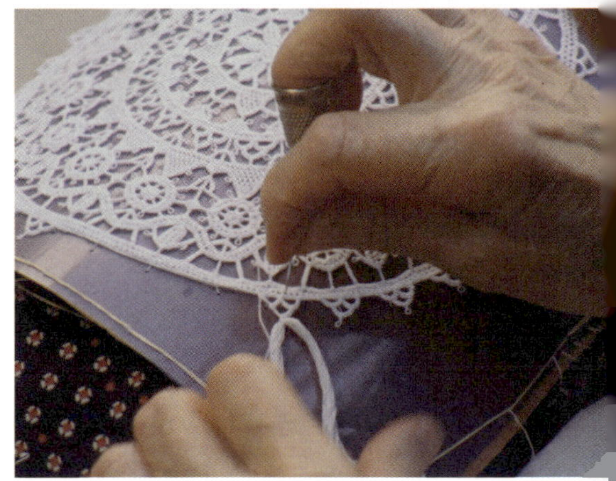

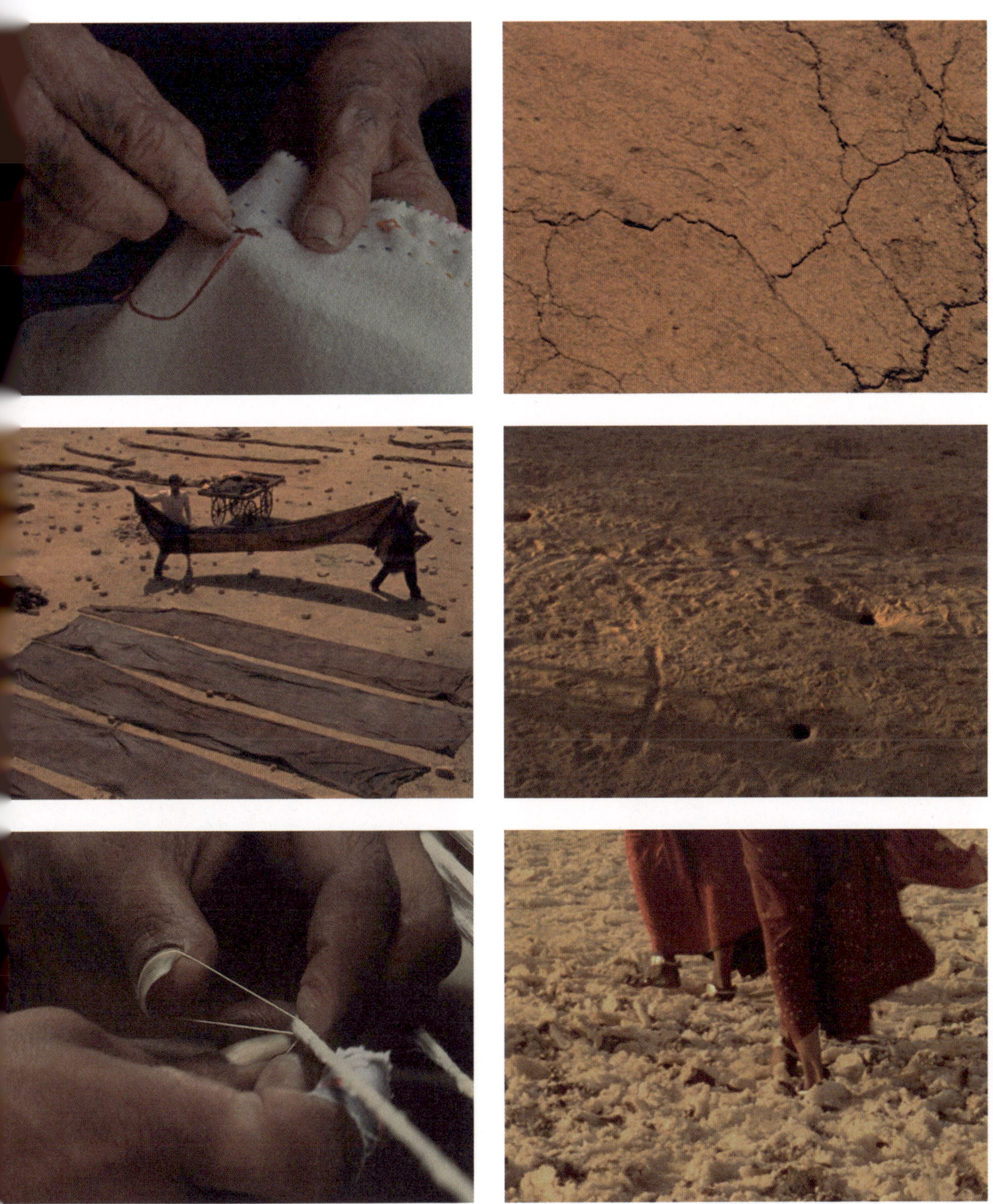

Manteaux de la Vierge

Kimsooja tisse des liens entre différents contextes, qu'ils soient sociaux, politiques, ou esthétiques. Au Musée Sainte-Croix, les Manteaux de la Vierge, datant du XIXe et du XXe siècle, et conservés à l'église Notre-Dame-la-Grande, entrent en résonance avec les trois premiers chapitres de l'oeuvre de Kimsooja *Thread Routes*, qui explore le travail des tisserands à travers le monde. Impressionnée par la beauté et la minutie de ces pièces rares, Kimsooja a choisi de les présenter et d'ainsi entremêler le sacré et le profane.

L.G.

Kimsooja weaves connections between different contexts, be they social, political, or aesthetic. At the Musée Sainte-Croix, the Manteaux de la Vierge [the Virgin's Coats], dating from the 19th and 20th centuries and kept in the church of Notre-Dame-la-Grande, resonate with the first three chapters of Kimsooja *Thread Routes*, which explores the work of weavers around the world. Impressed by the beauty and meticulousness of these rare pieces, Kimsooja has chosen to present them and thus to intertwine the sacred and the profane.

L.G.

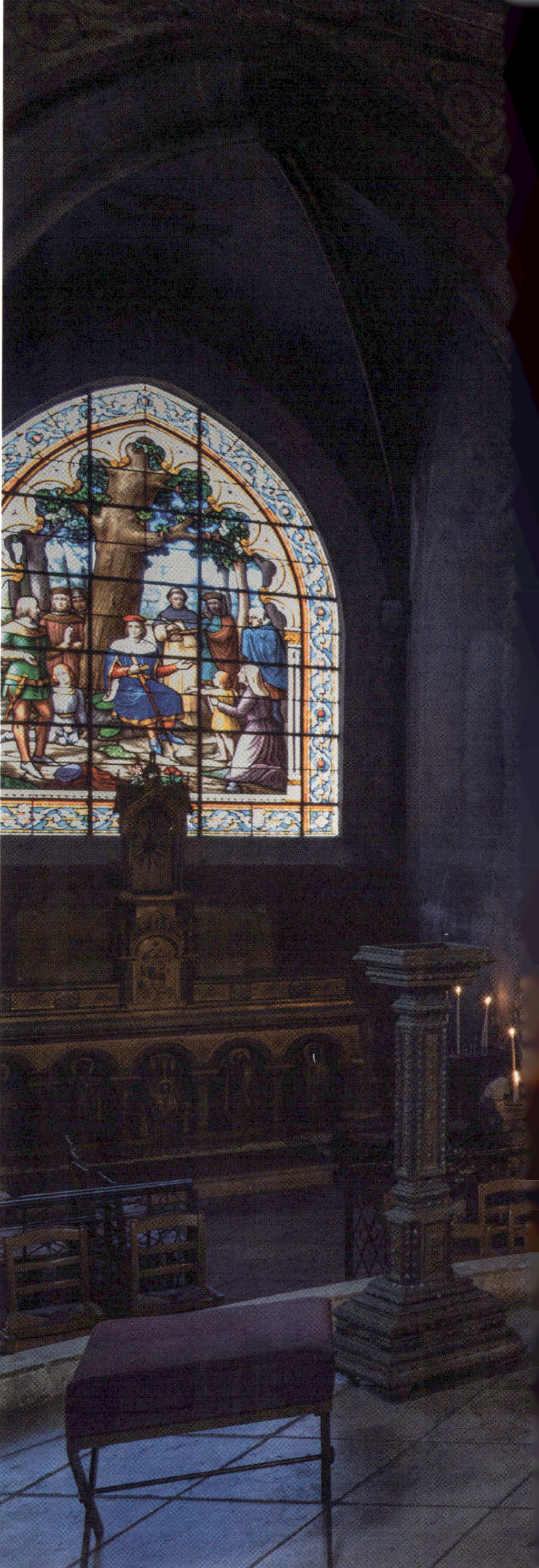

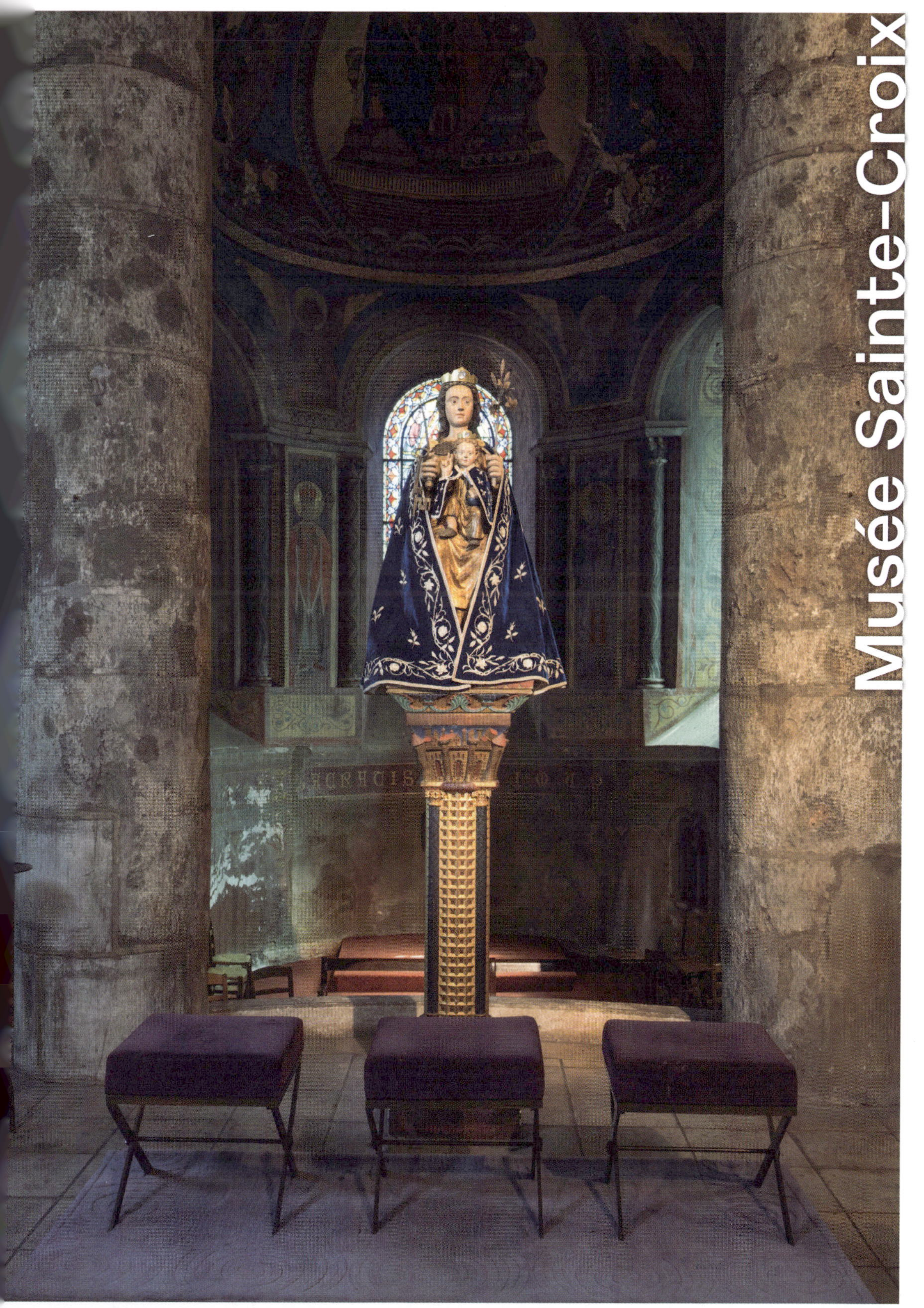

Musée Sainte-Croix

LEE MINGWEI
The Mending Project, 2009/2019

« Créateur d'offrandes », l'artiste taïwanais-américain Lee Mingwei transforme de simples gestes en installations participatives. Que ce soit en offrant une fleur à un passant, en écoutant une histoire sur un oreiller ou encore en recevant en cadeau un *lieder* de Schubert, il crée des parenthèses temporelles, des invitations à saisir l'instant présent. Au Musée Sainte-Croix, l'oeuvre *The Mending Project* déploie ses liens colorés, depuis la table où des piles de vêtements s'amoncèlent jusqu'aux pelotes de fils coniques fixées aux murs. Accueilli par un couturier, le visiteur est invité à déposer un vêtement endommagé, à choisir la couleur du fil et à regarder le processus de réparation. Si cette toile qui se tisse au fur et à mesure en une peinture abstraite transforme et nourrit l'oeuvre de Lee Mingwei, ce sont surtout les histoires partagées qui font d'elle une expérience transcendante. Tandis que l'aiguille du couturier traverse le tissu à réparer, un lien se crée avec le visiteur ; une conversation s'engage et l'acte de raccommoder se fait plus ou moins intime selon la valeur émotionnelle accordée au textile abîmé. Sans chercher à les cacher ou à les oublier, Lee Mingwei invite à les réparer. Ainsi, contrairement au travail d'un tailleur, chaque fil est en désaccord chromatique avec le tissu recousu et agit telle une suture qui laisse perceptible cette mémoire.

L.G.

A "creator of offerings", Taiwanese-American artist Lee Mingwei transforms simple gestures into participatory installations. Whether it is by offering a flower to a passerby, listening to a story on a pillow, or gifting a Schubert *lieder*, he creates temporal brackets, invitations to capture the moment. In his work *The Mending Project* at the Musée Sainte-Croix, colorful thread links the table, where heaps of clothes pile up, to the conical spools affixed to the wall. Greeted by a mender, the visitor is invited to drop off a damaged garment, choose the color of the thread, and observe the repair process. While this canvas, which is being gradually woven into an abstract painting, transforms and nourishes Lee Mingwei's work, it is above all the shared stories that make it a transcendent experience. As the mender's needle weaves through the fabric in need of repair, a bond is forged with the visitor; a conversation is initiated and the act of repairing becomes a more or less intimate one, depending on the emotional value given to the damaged fabric. Without trying to hide or forget them, Lee Mingwei invites us to mend them. Thus, unlike the seamlessness of a tailor's work, here thread remains in chromatic discord with the resewn fabric and acts as a stitch that preserves this memory.

L.G.

Je ne m'intéresse
pas aux cadeaux donnés par dépit
ou par peur, ni à ceux que l'on accepte par soumission
ou obligation ; je m'intéresse au cadeau que l'on désire,
celui qui, lorsqu'il arrive, parle directement
à l'âme et nous émeut profondément

Lewis Hyde

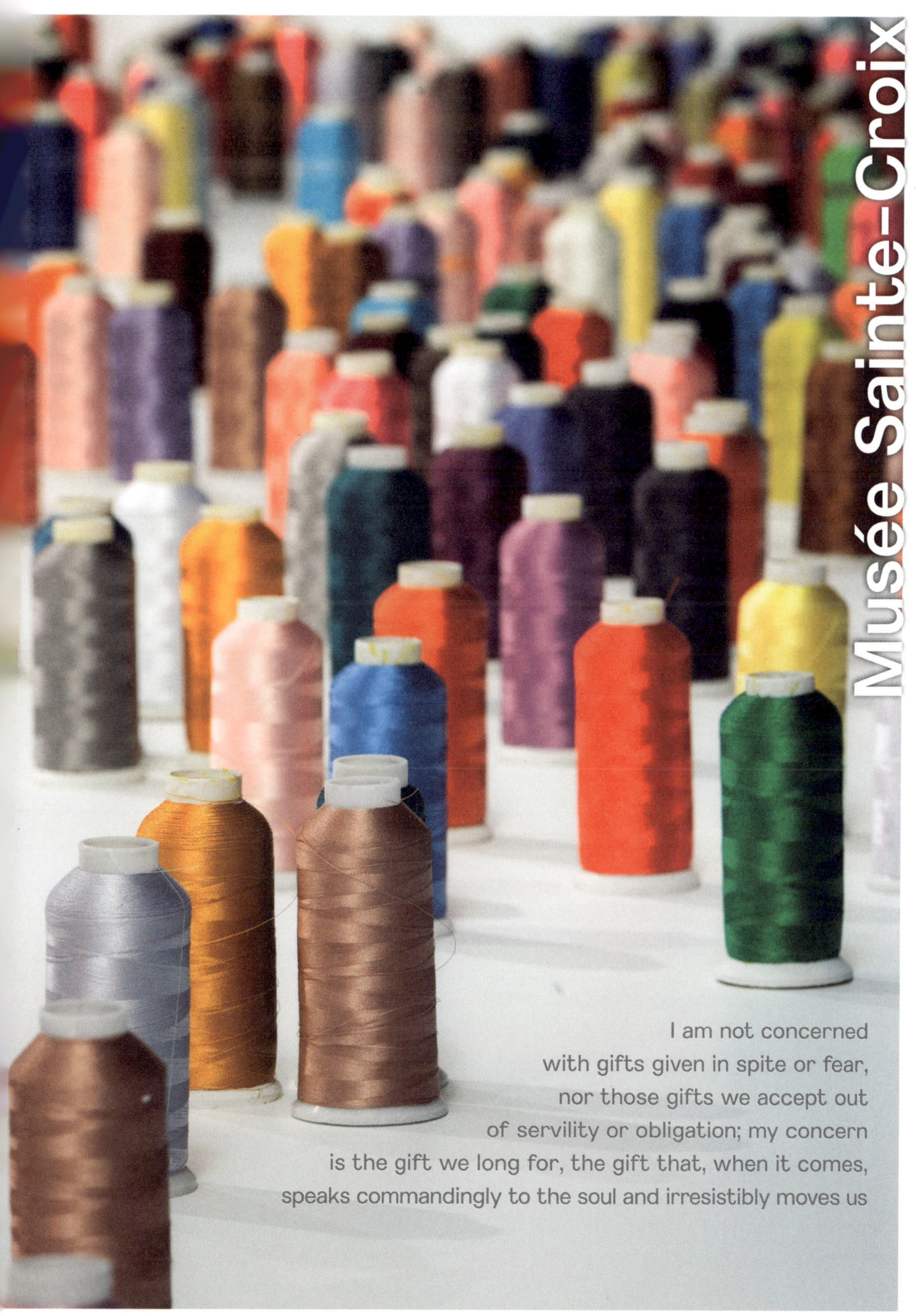

Musée Sainte-Croix

I am not concerned
with gifts given in spite or fear,
nor those gifts we accept out
of servility or obligation; my concern
is the gift we long for, the gift that, when it comes,
speaks commandingly to the soul and irresistibly moves us

KIMSOOJA
A Needle Woman, 2009

Au milieu d'une rue de Tokyo que des milliers de personnes arpentent tous les jours, telles les vagues d'un océan humain, Kimsooja a connu une expérience de pleine conscience. Arrêtée, dos à la caméra, le corps de l'artiste s'apparente à un axe, à une aiguille, qui peu à peu disparaît dans la foule. Elle a réitéré cette expérience à travers des métropoles mondiales et des villes en conflits, des Etats-Unis au Nigéria, en passant par le Tchad ou encore Israël, jusqu'à Paris en 2009. Dans la capitale, l'artiste investit plusieurs quartiers tels que Barbès, les Champs-Elysées et la rue Montorgueil, qu'elle considère comme représentatifs de la diversité des populations de la ville. Traversée par le monde qui l'entoure, Kimsooja, en restant debout et immobile au milieu du flux constant des passants, devient cette « femme aiguille » qui tisse entre elles des sociétés et des cultures différentes.

L.G.

In the middle of a street in Tokyo through which thousands of people shuffle through each day, like the waves of a human ocean, Kimsooja experienced a moment of mindfulness. Stationary with her back to the camera, the artist's body resembles an axis, a needle, which seems to disappear little by little inside the crowd. Kimsooja has repeated this experience in different global metropolises and cities in conflict, from the United States to Nigeria, Chad, Israel, and Paris in 2009. In the capital, the artist engaged with several neighborhoods like Barbès, the Champs-Elysées, and rue Montorgueil, which she considers to be representative of the diversity of the city's populations. Swarmed by the world around her as she stands still in the midst of a continuous flow of passersby, Kimsooja becomes a "needle woman" who weaves different societies and cultures together.

L.G.

C'était un moment à couper le souffle, et j'ai soudain pris conscience de la signification de ma marche. Je devais m'arrêter et rester immobile – et ainsi créer une force opposée au flux des piétons, telle une aiguille ou un axe, observant et contemplant leurs allées et venues

It was a breathtaking moment, and I suddenly became aware of the meaning of my walking. I had to stop on the spot and stand still—creating an opposing force to the flow of the pedestrians, like a needle or an axis, observing and contemplating them coming and going

Kimsooja

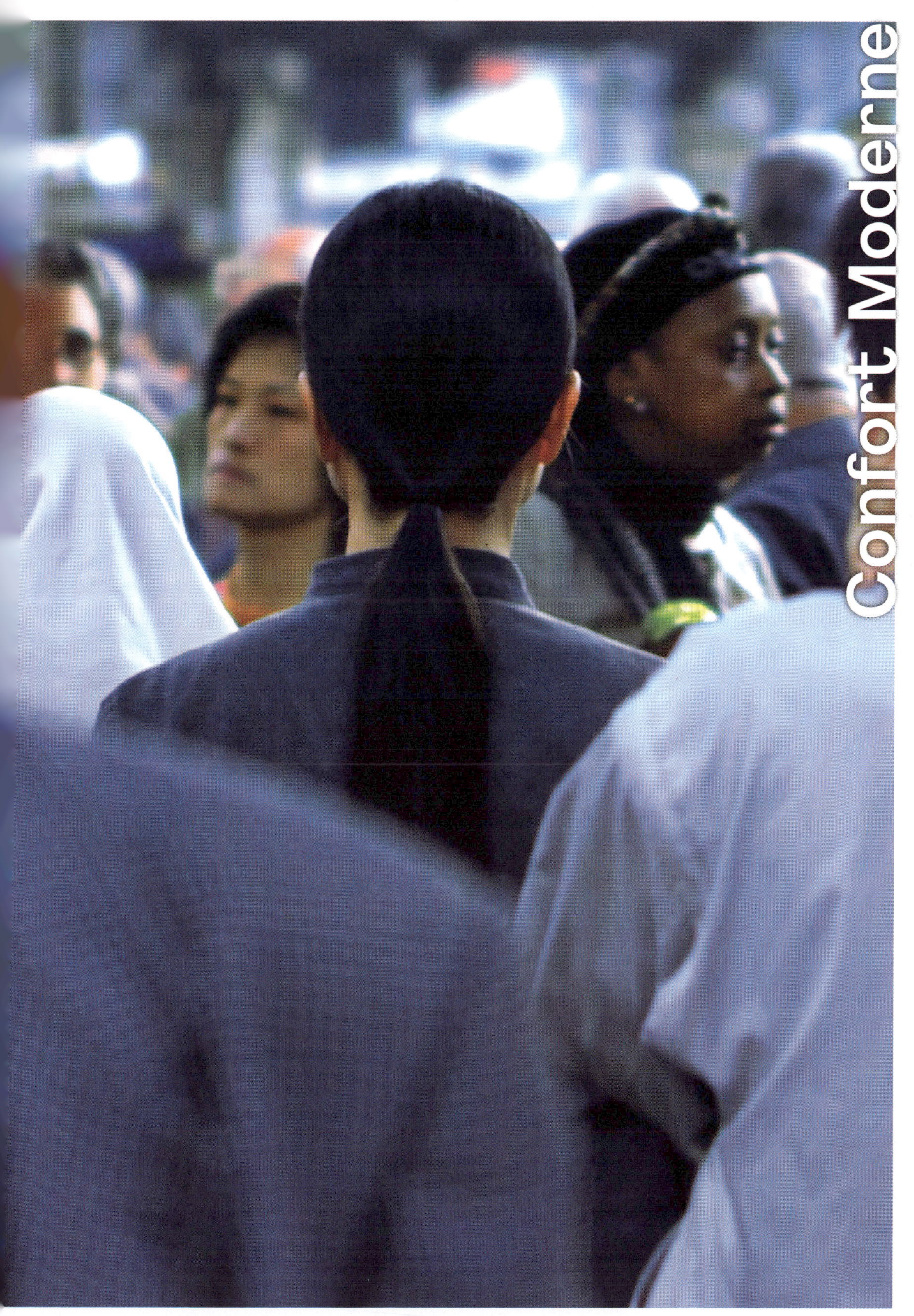
Confort Moderne

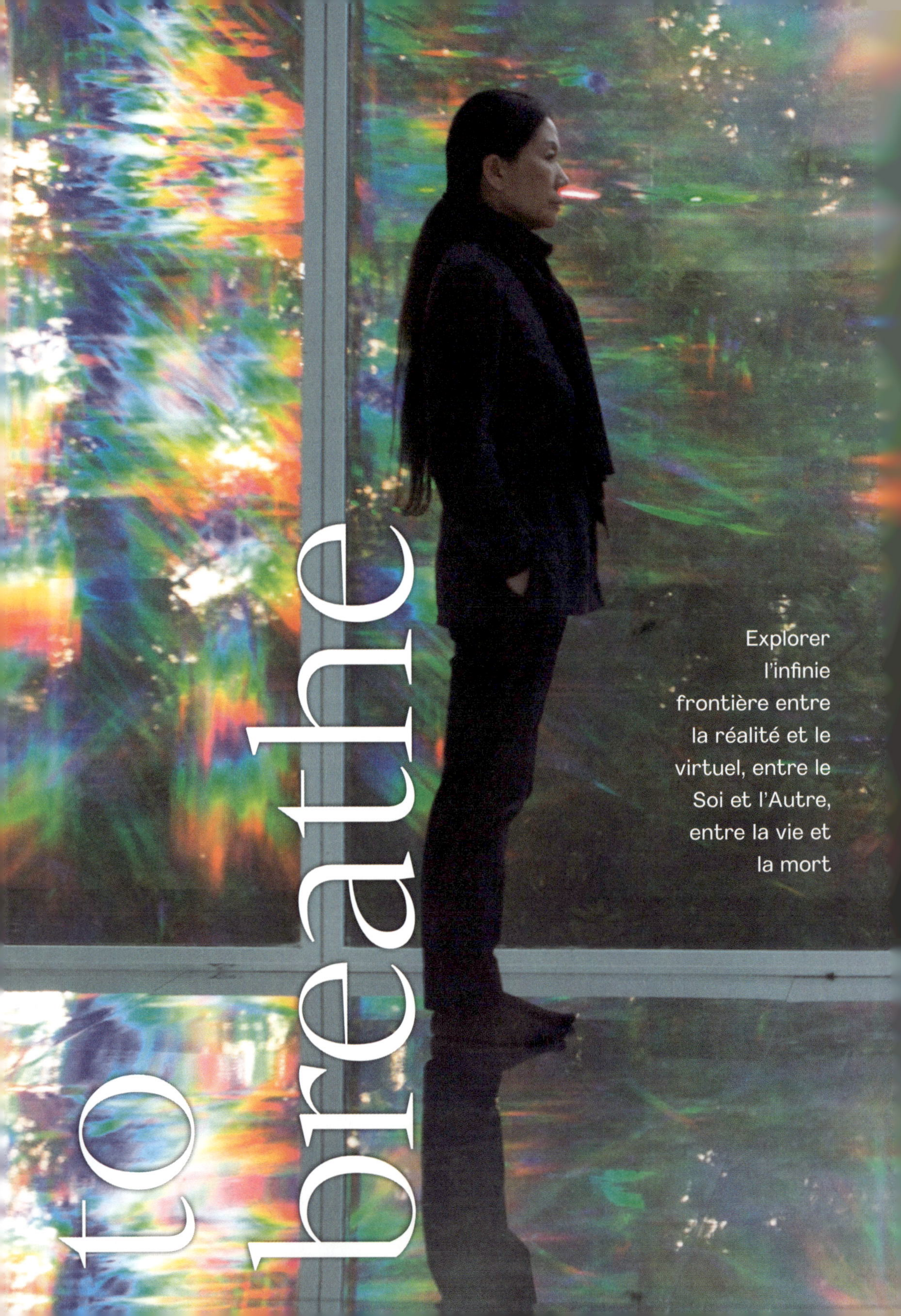
to breathe
Explorer l'infinie frontière entre la réalité et le virtuel, entre le Soi et l'Autre, entre la vie et la mort

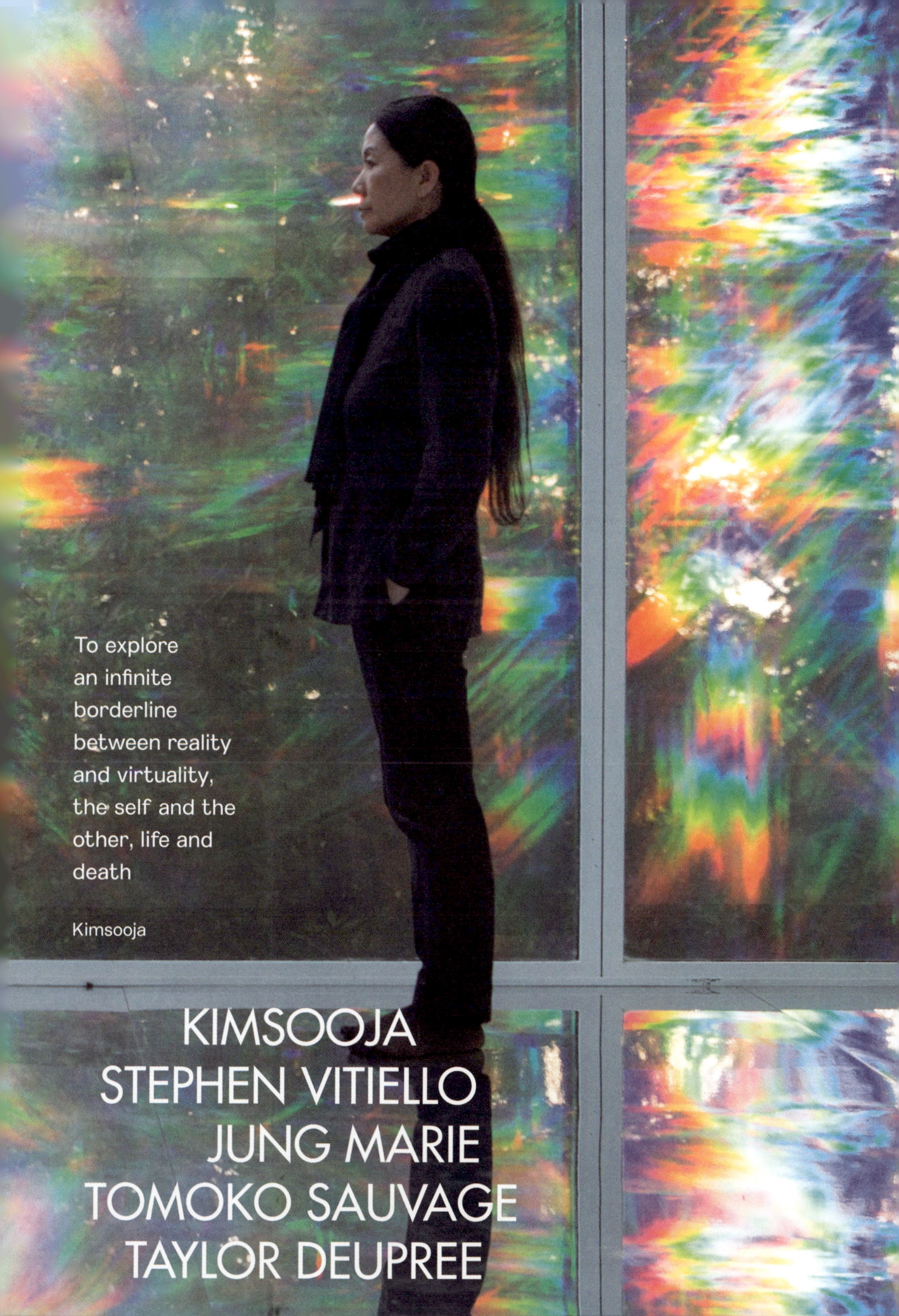
To explore
an infinite
borderline
between reality
and virtuality,
the self and the
other, life and
death

Kimsooja

KIMSOOJA
STEPHEN VITIELLO
JUNG MARIE
TOMOKO SAUVAGE
TAYLOR DEUPREE

KIMSOOJA
To Breathe, 2019

En disposant des miroirs au sol de la Tour Maubergeon, Kimsooja donne à ce lieu fait de voûtes, d'arcs en ogive, d'angles et d'alcôves, une profondeur abyssale, un effet vertigineux perturbant les sens. L'architecture est envisagée par l'artiste en un espace qui s'ouvre et se déplie, métamorphosant les structures solides et leur conférant une certaine fluidité. Dans cette pièce où les colonnes et les arches se dédoublent, où le monde semble s'inverser, le son de la respiration de Kimsooja accompagne les visiteurs dans leur déambulation. Lent et à peine perceptible, le souffle de l'artiste s'accélère peu à peu, en un rythme plus soutenu. Ses expirations traduisent différents états émotionnels, du calme à l'angoisse, qui affectent les visiteurs. En rebondissant sur les surfaces réfléchissantes, le son emplit le bâtiment et s'infiltre dans la pierre afin de déstabiliser les barrières entre intérieur et extérieur. *To Breathe* est une invitation à un voyage introspectif à travers lequel les miroirs offrent une appréhension décuplée de l'Autre ainsi qu'une expérience de son propre corps et de son esprit.

L.G.

By placing mirror on the ground in the Maubergeon Tower, comprised of vaults, pointed arches, corners and alcoves, Kimsooja endows the site with an abyssal depth, a vertiginous effect that disrupts the senses. The artist sees architecture as a space that opens and unfolds, transforming solid structures, giving them a fluidity. In this room, where the columns and arches split and the world seems to be inverted, the sound of Kimsooja's breathing accompanies visitors on their journey. Slow and barely perceptible, the artist's breath gradually accelerates, reaching a more consistent rhythm. Her exhalations reflect different emotional states, from calm to anguish, that affect the visitors. Bouncing off reflective surfaces, sound fills the building and seeps into the stone disorienting the barriers between inside and outside. *To Breathe* is an invitation to an introspective journey through which the mirrors offer a multiplied understanding of the Other, as well as an experience of one's own body and mind.

L.G.

En vidant entièrement l'espace et en comblant le vide avec uniquement ma respiration, je peux envisager toute la structure architecturale comme un *bottari* de lumière et de son

By emptying the whole space and filling the void only with my breathing, I can address the whole architectural structure as a *bottari* of light and sound

Kimsooja

Palais des ducs d'Aquitaine

La Tour Maubergeon, construite au XIIe siècle est remaniée au XIVe : l'ancien donjon défensif cède la place à un palais résidentiel, aux vastes fenêtres gothiques et surmonté de statues.

The Maubergeon Tower, built in the 12th century, was remodeled during the 14th century: the former defensive donjon became a residential palace, featuring vast Gothic windows and topped by statues.

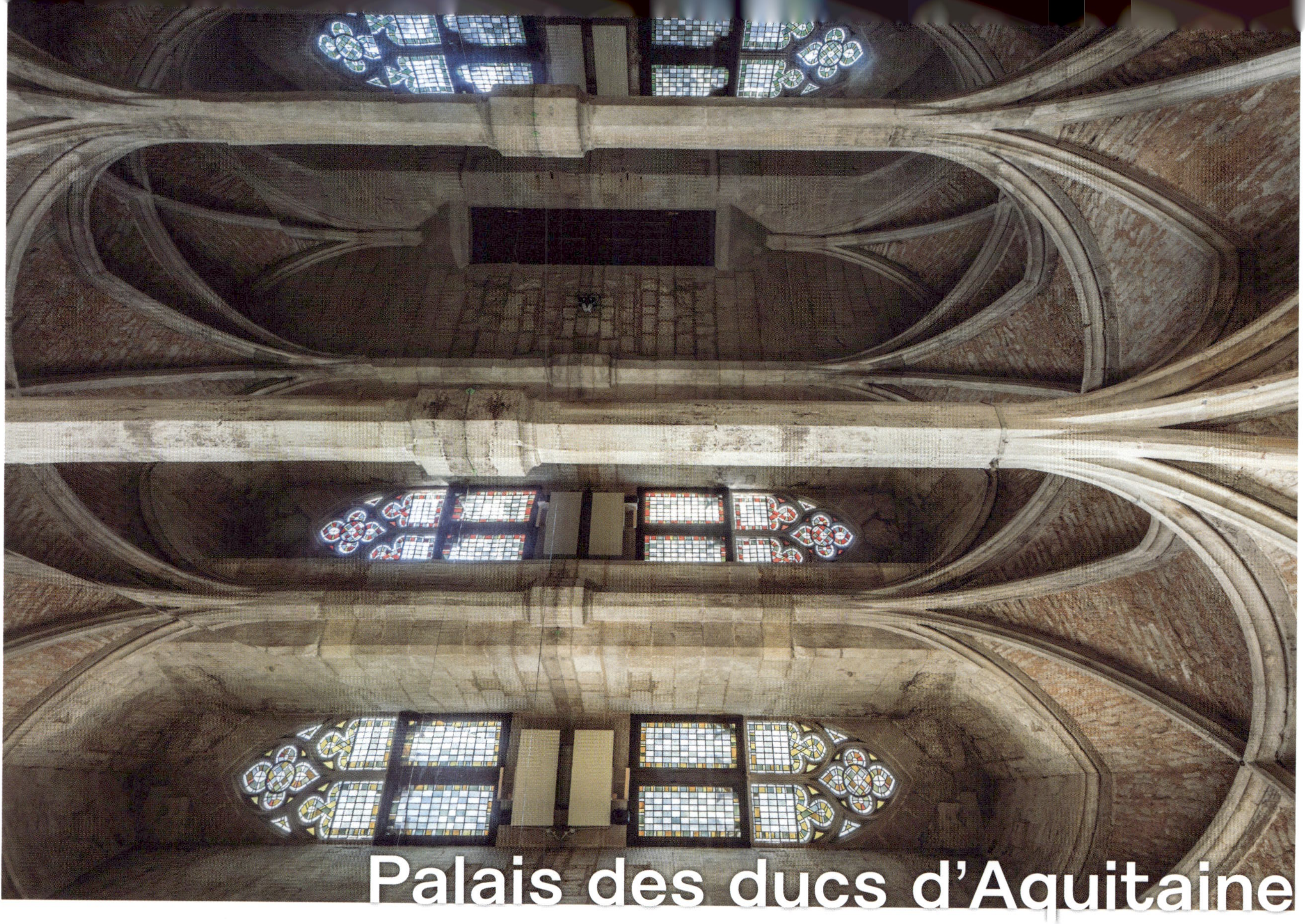

Palais des ducs d'Aquitaine

KIMSOOJA
A Needle Woman – Kitakyushu, 1999

Allongée sur un rocher dont la couleur fait écho à ses vêtements, Kimsooja se présente dos à la caméra, en équilibre au sommet d'une falaise. Son corps horizontal rencontre la minéralité de la pierre en un instant de quiétude où seuls les rayons du soleil et le mouvement des nuages sous la brise signifient l'écoulement du temps. L'artiste se situe, selon ses mots, « entre le ciel et la terre, entre la nature et les Hommes. Mon corps fonctionne tel un outil, entre masculinité et féminité, entre la pierre et le ciel, et qui lie ces deux éléments continuellement ». En reprenant la position du Bouddha couché, Kimsooja entre dans une méditation profonde afin de maintenir sa posture, en apparence paisible, et réaffirme l'importance et la présence de cette pratique dans la vie quotidienne.

L.G.

Lying on a rock whose colors echo her clothes, Kimsooja turns her back to the camera, balancing at the top of a cliff. Her horizontal body encounters the mineral quality of the stone in a moment of tranquility, in which only the rays of the sun and the movement of the clouds under the breeze signify the passage of time. In her words she is "in-between the sky and the earth, nature and human beings. My body functions again as a tool which locates between masculinity and femininity in-between the rock and the sky and it links those two different elements continuously." By taking up the position of the reclining Buddha, Kimsooja enters into a deep meditation in order to maintain her seemingly peaceful posture and reaffirms the importance and presence of this practice in daily life.

L.G.

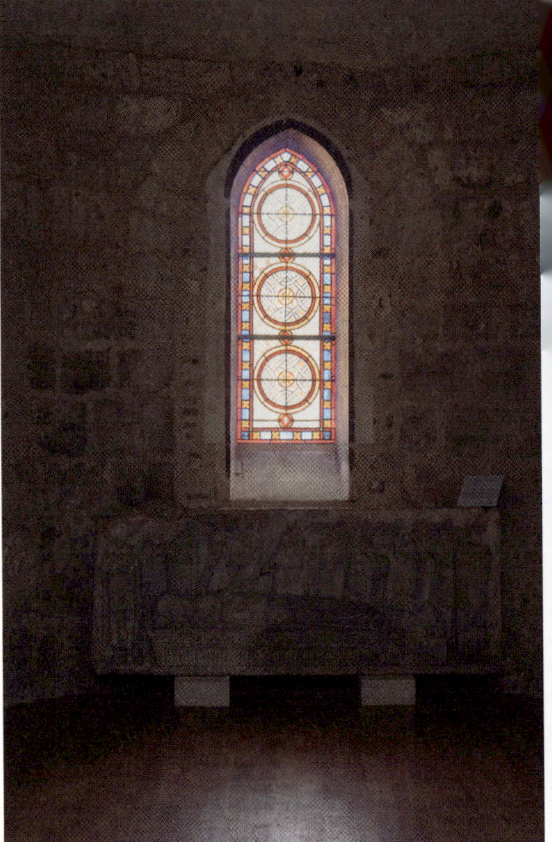

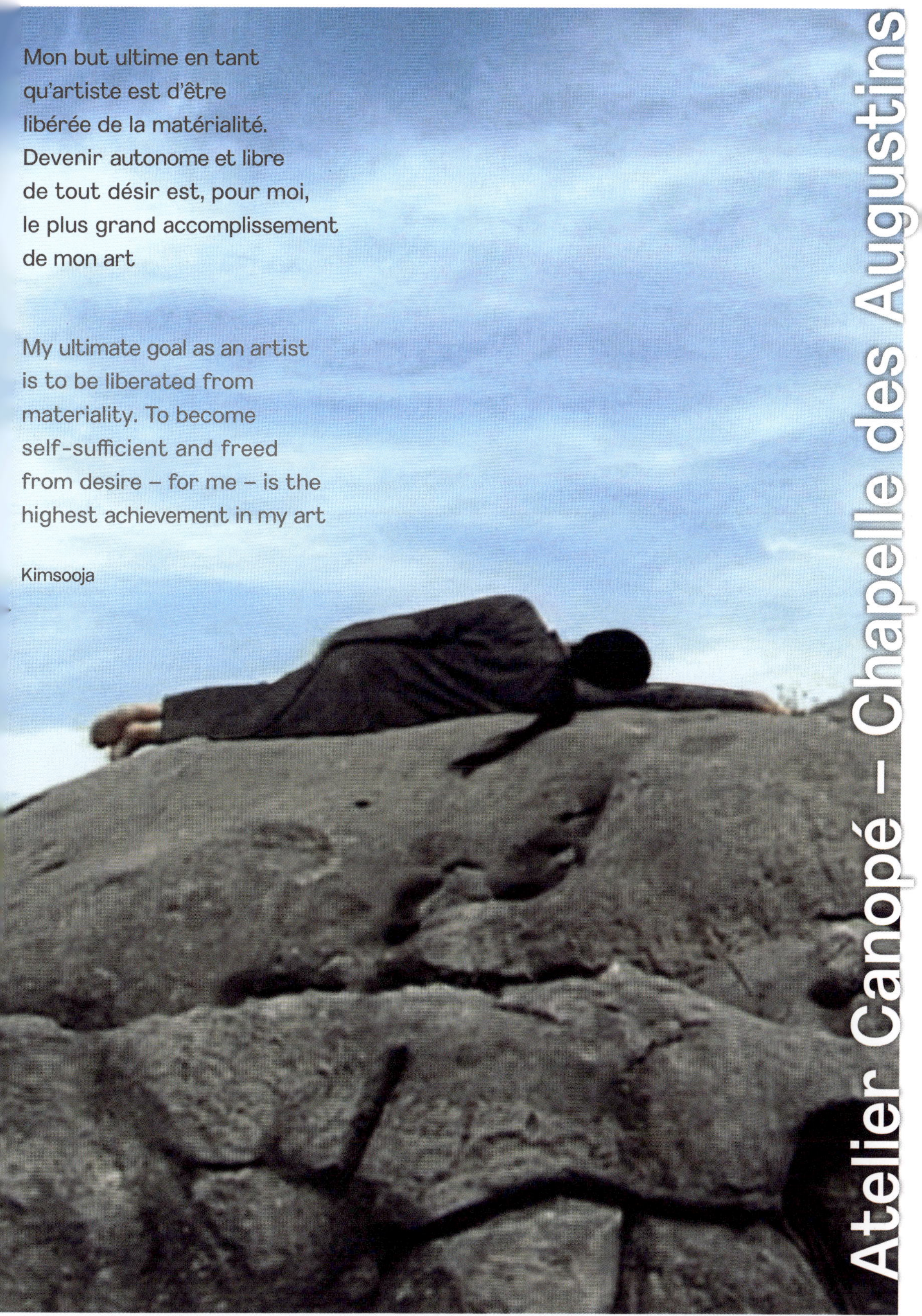

Mon but ultime en tant
qu'artiste est d'être
libérée de la matérialité.
Devenir autonome et libre
de tout désir est, pour moi,
le plus grand accomplissement
de mon art

My ultimate goal as an artist
is to be liberated from
materiality. To become
self-sufficient and freed
from desire – for me – is the
highest achievement in my art

Kimsooja

Atelier Canopé – Chapelle des Augustins

KIMSOOJA
To Breathe, 2019

Depuis plus de deux décennies, le *bottari* irrigue le travail de Kimsooja, de ses installations à ses vidéos. Traditionnellement utilisé pour transporter des effets personnels, l'artiste coréenne étend cette conception à des espaces, à des lieux et à des architectures. Avec *To Breathe,* son intérêt pour la peinture et la couture se distingue en filigrane alors que les fenêtres du cloître de la Chapelle des Augustins, recouvertes de films diffractants la lumière, fonctionnent comme des toiles pénétrables. A travers celles-ci, le regard du spectateur devient une aiguille qui coud la pièce, au fur et à mesure que son regard se déplace. Le film translucide agit telle une peau qui enveloppe les fenêtres et l'architecture du cloître, en une définition de la division entre nature et espace intérieur. En traversant le verre, les rayons de lumière se démultiplient en une infinité de couleurs qui habitent le lieu, se meuvent et se transforment tandis que le soleil continue son chemin quotidien. Chacune de ces uniques expériences est une invitation à la contemplation et à la découverte d'un passage, sensible et spirituel, vers le jardin méconnu du cloître de la Chapelle des Augustins.

L.G.

For more than two decades, the concept of *bottari* has developed in Kimsooja's work, from her installations to her videos. Traditionally used to transport personal belongings, the *bottari* extends to spaces, sites, and architectures in her work. With *To Breathe*, her interest in painting and sewing come to the fore as the cloister windows of the Chapelle des Augustins are covered with film that diffracts light, functioning as a permeable canvas. Through the windows, the viewer's moving gaze becomes a needle that weaves the piece together. The translucent film acts like a skin that envelops the windows and architecture of the cloister, defining the division between nature and the interior space. As rays of light pass through the glass, they multiply into an infinite number of colors that inhabit the space, move, and transform as the sun makes its daily journey. Each unique experience is an invitation to contemplate, and to discover a sensitive and spiritual passage to the unknown garden of the Chapelle des Augustins cloister.

L.G.

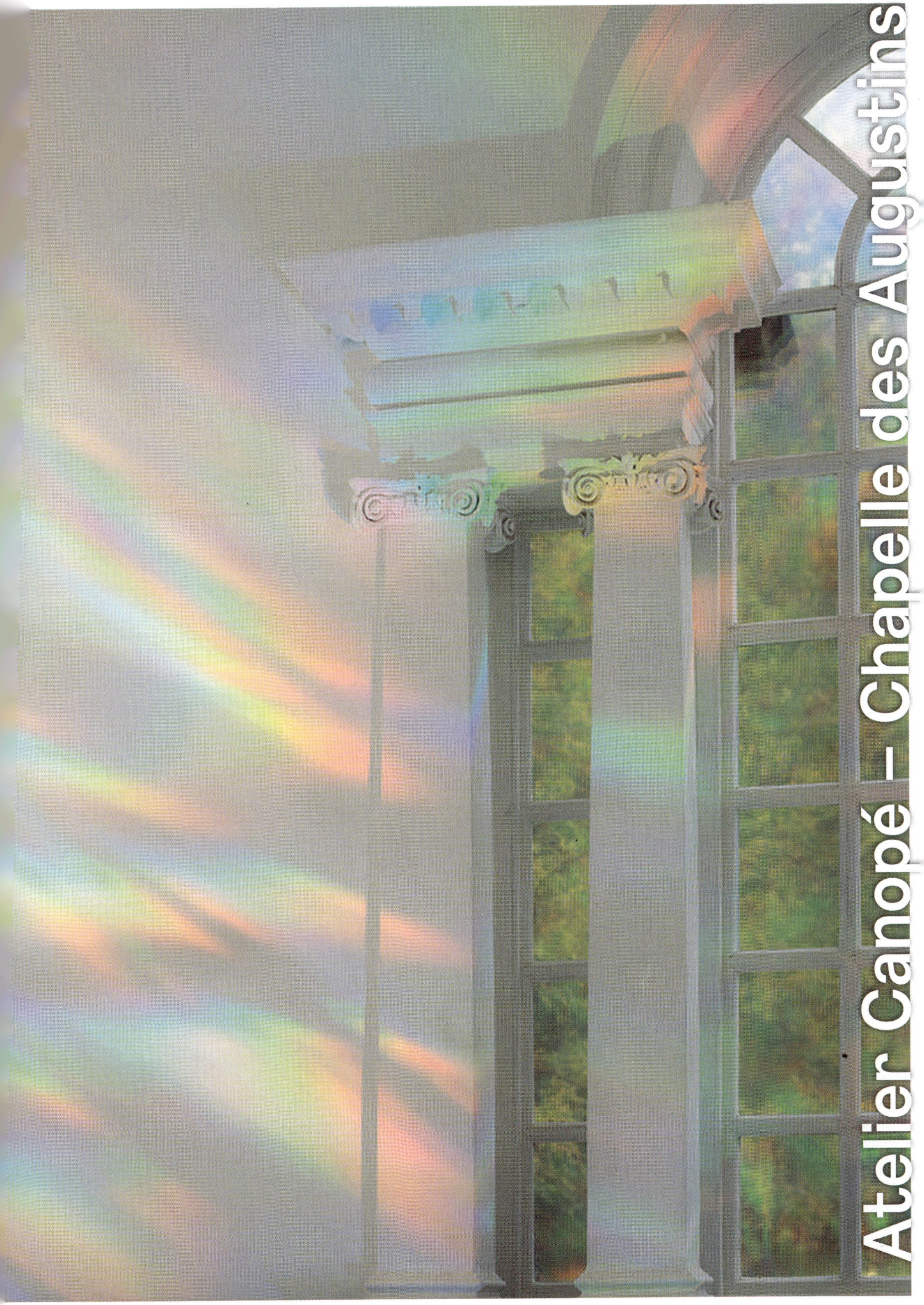
Atelier Canopé – Chapelle des Augustins

KIMSOOJA
To Breathe – The Flags, 2019

Comme un écho au chef d'oeuvre *Le Siège de Poitiers par l'amiral de Coligny en 1569* de François Nautré, conservé au musée Sainte-Croix de Poitiers, où l'on distingue dans le dédale des ruelles des tissus blancs suspendus, Kimsooja fait flotter au vent des drapeaux dans la rue qui mène du Palais des ducs d'Aquitaine à la cathédrale Saint-Pierre. Protection pour les habitants et les troupes qui ainsi cachaient leurs déplacements à leurs ennemis au XVIe siècle, ils sont pour l'artiste coréenne le symbole utopique d'une « transnationalité ». A l'occasion des Jeux Olympiques de Londres en 2012, Kimsooja entremêle pour la première fois les drapeaux des pays participants et questionne les notions de souveraineté et d'appartenance à une patrie. Par la suite, l'artiste intègre les étendards de pays non-reconnus, tel que l'Ecosse, ou interdits dans d'autres Etats, comme celui de la Corée du Nord. A Poitiers, les couleurs de ces drapeaux hybrides se confondent pour détruire tout rapport de force, faire disparaître les tensions et transcender les frontières, en un souhait de coexistence et de solidarité.

L.G.

Echoing François Nautré's masterpiece *Le Siège de Poitiers par l'amiral de Coligny en 1569* in the collection of the musée Sainte-Croix de Poitiers, in which we glimpse a maze of alleyways with hanging white fabrics, Kimsooja flies flags along the street leading from the Palace of the dukes of Aquitaine to the Saint-Pierre cathedral. Serving as protection for the inhabitants and troops, who were able to conceal their movements from their 16th century enemies, the flags, for the Korean artist are a utopian symbol of "transnationality." For the first time, during the London 2012 Olympic Games, Kimsooja intermixed flags of participating countries to question the notion of sovereignty and shared belonging to a homeland. Subsequently, the artist incorporated the flags of unrecognized countries, such as Scotland, or those of countries banned in other states, such as North Korea. In Poitiers, the colors of these hybrid flags merge to destroy any set power, eliminate tensions, and transcend borders in a desire for coexistence and solidarity.

L.G.

Rue de la cathédrale

Axe majeur de Poitiers, la rue de la cathédrale reliait les deux centres de la cité médiévale : le Palais des comtes de Poitou – ducs d'Aquitaine, siège du pouvoir temporel, et la cathédrale Saint-Pierre, siège du pouvoir spirituel.

The rue de la cathédrale, a major axis of Poitiers, connected the two centers of the medieval city: the Palace of the counts of Poitou – dukes of Aquitaine, seat of temporal power, and the Cathedral of Saint-Pierre, seat of spiritual power.

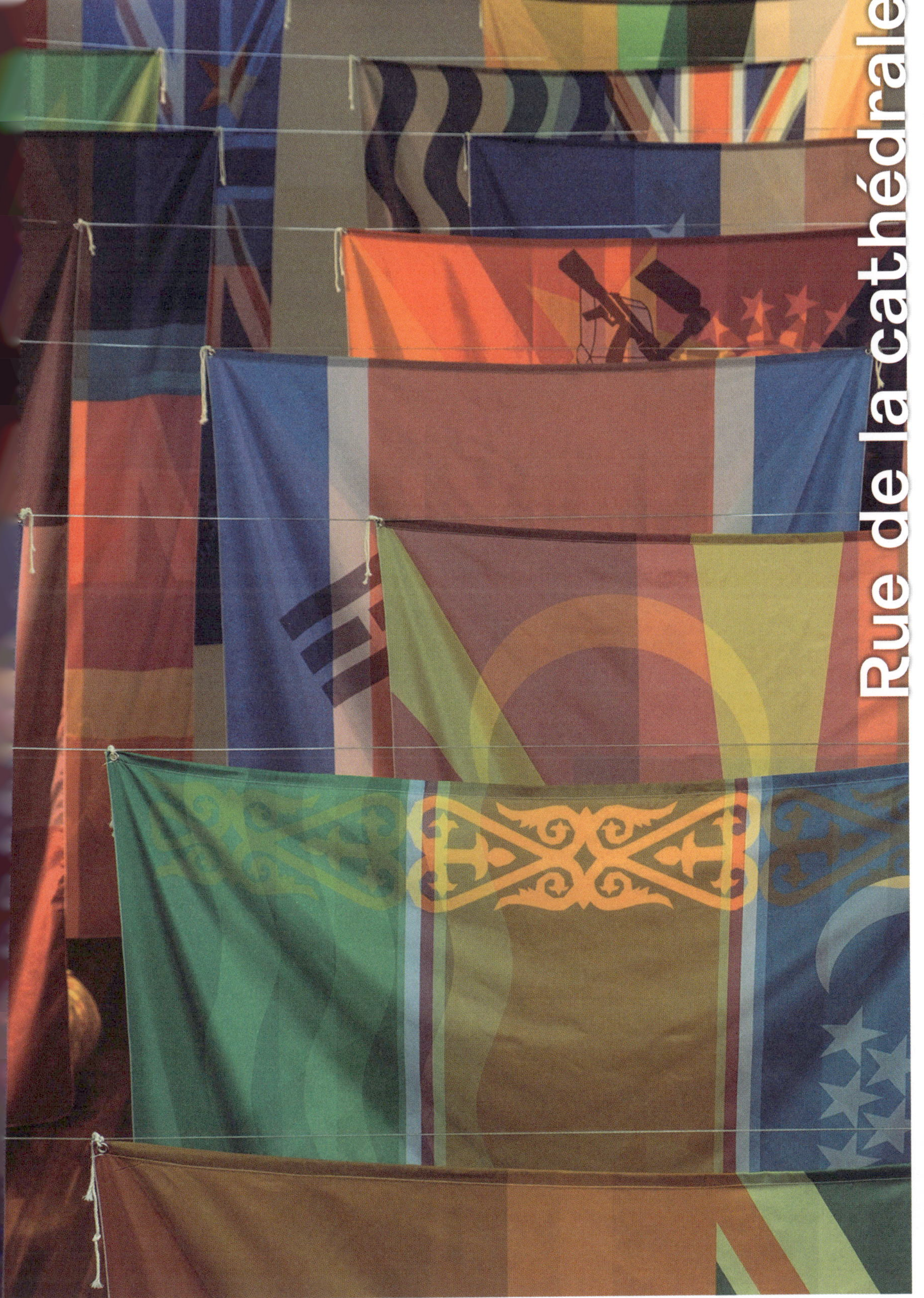

Rue de la cathédrale

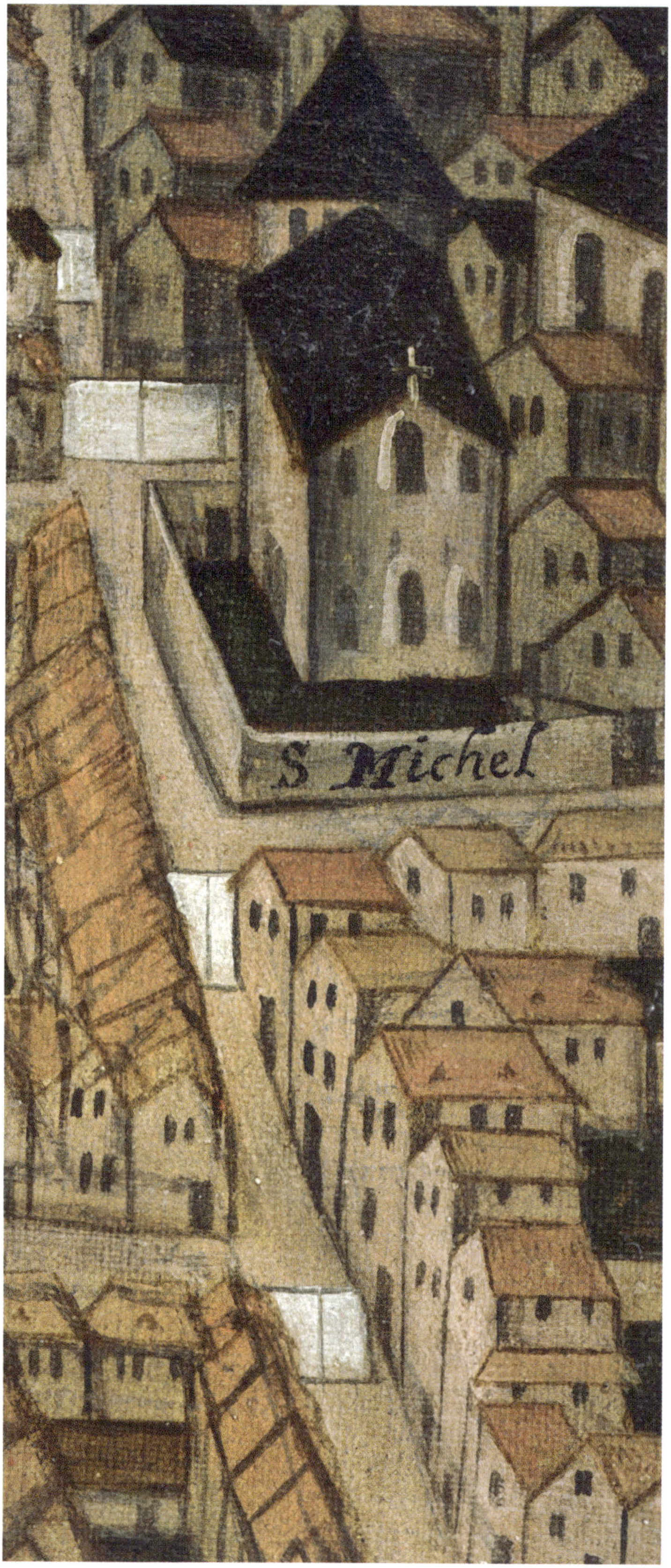

S Michel

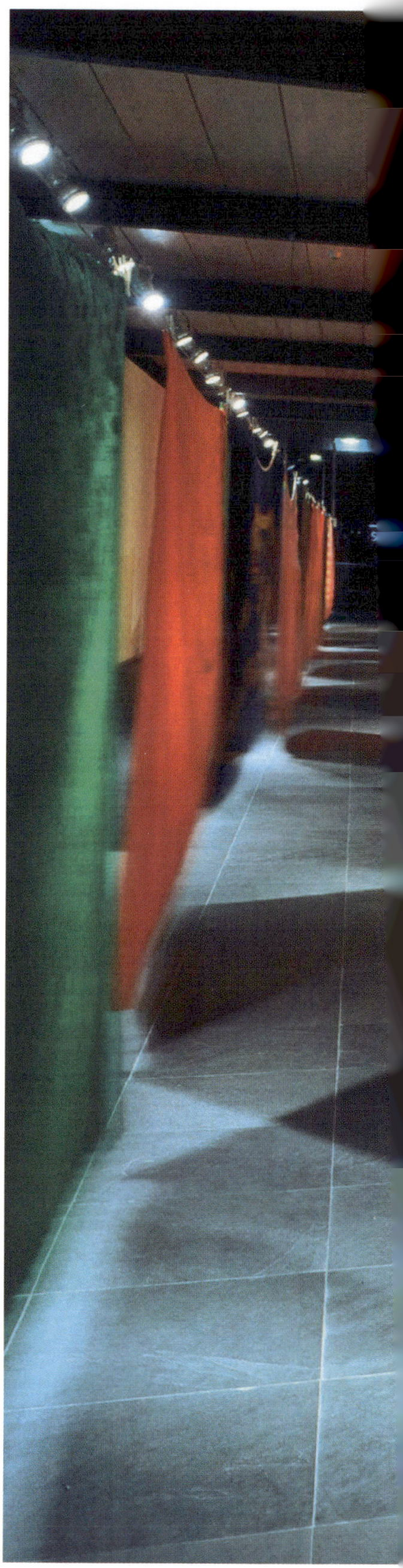

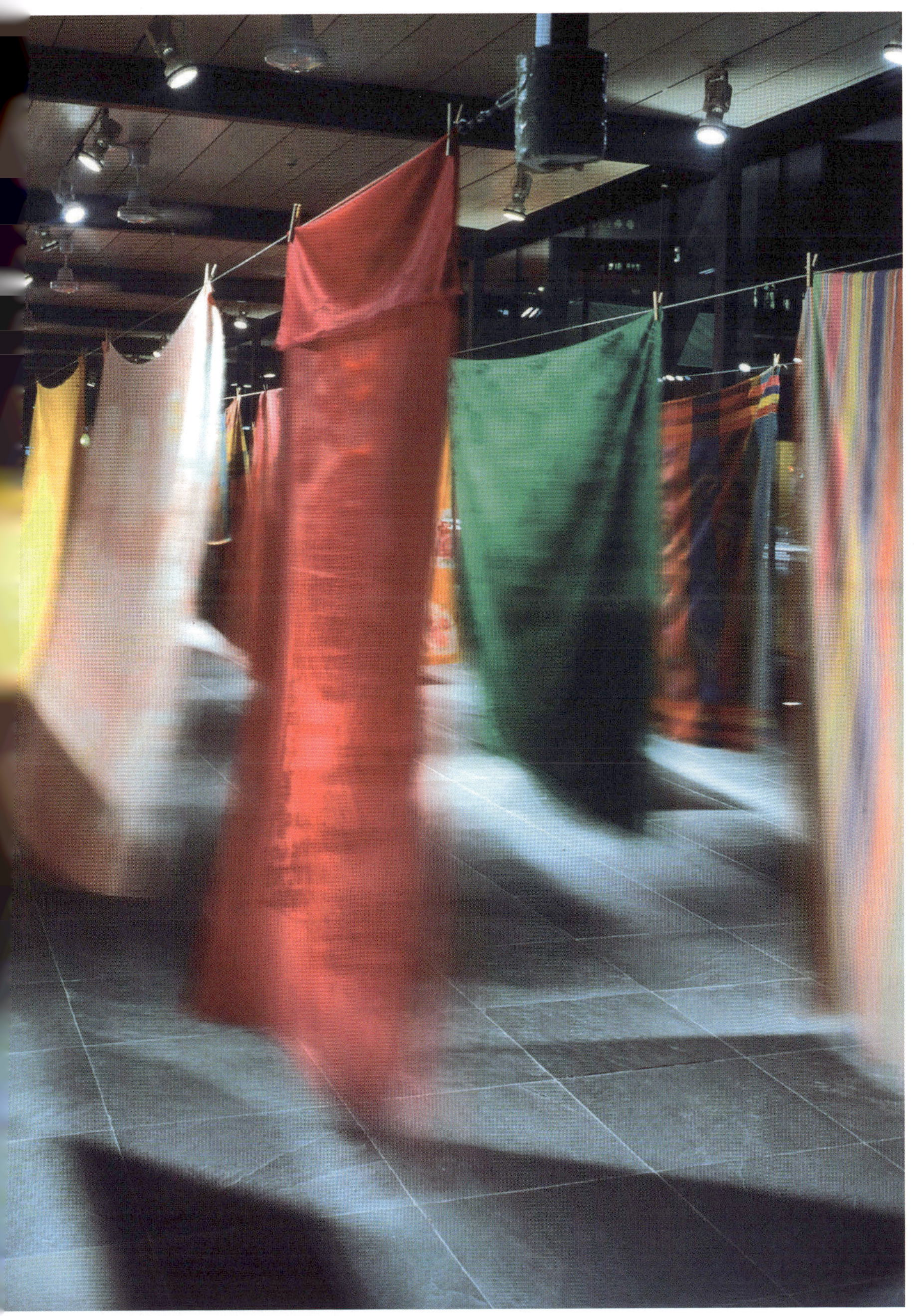

STEPHEN VITIELLO

Waves, A Witching Stick and a Space for Melting Bells, 2019

Tel un kaléidoscope d'instants de vie, l'artiste américain Stephen Vitiello créé un paysage sonore où s'entremêlent des passages de *The Waves* de Virginia Woolf, le son des vagues qui emportent les cendres d'une mère disparue, la captation d'un sourcier des Appalaches, le tintement d'une cloche ou encore le battement de l'eau par un percussionniste. Au cœur du baptistère Saint-Jean, il explore la notion de réincarnation et de survivance dans ce lieu hétéroclite où fontes de cloches et baptêmes se sont succédés, comme autant de nouveaux départs symboliques. Peu à peu, les sons résonnent et s'élèvent, s'entrelacent et se chevauchent pour finalement s'inverser, perturber nos sens et modifier notre perception du monde extérieur.

L.G.

Like a kaleidoscope of life's moments, American artist Stephen Vitiello's sonic landscape mixes passages from Virginia Woolf's *The Waves*, the sound of waves carrying off the dispersed ashes of a deceased mother, recordings made by an Appalachian dowser, the knelling of a bell, and a percussionist beating the surface of the water. Inside the baptistery of Saint-Jean, he explores the notion of reincarnation and survival in this heterogeneous place which has seen bell castings and baptisms, like so many new symbolic departures. Gradually, sounds resonate and grow louder, intertwine and overlap, eventually reversing themselves, disrupting our senses, and changing our perception of the outside world.

L.G.

Il faut plus de concentration
pour écouter en silence

It takes more concentration
to listen in silence

Stephen Vitiello

Baptistère Saint-Jean

Edifié au Ve siècle, le baptistère Saint-Jean est l'un des plus anciens monuments chrétiens de France, voire d'Europe. Son décor extérieur constitue un précieux et rare témoin de l'art mérovingien. Ayant subi plusieurs transformations architecturales entre les Ve et XIe siècles, il se distingue par son décor sculpté extérieur du VIIe siècle fait de pierre et de brique, et par la grande qualité de son décor intérieur peint des XIe et XIIIe siècles.

Built in the 5th century, the baptistery of Saint-Jean is one of the oldest Christian monuments in France, if not in Europe. Its exterior decoration is a precious and rare testimony to Merovingian art. Having undergone several architectural transformations between the 5th and 11th centuries, it is characterized by its sculpted 7th century exterior decoration made of stone and brick, and by the high quality of its painted 11th and 13th century interior decoration.

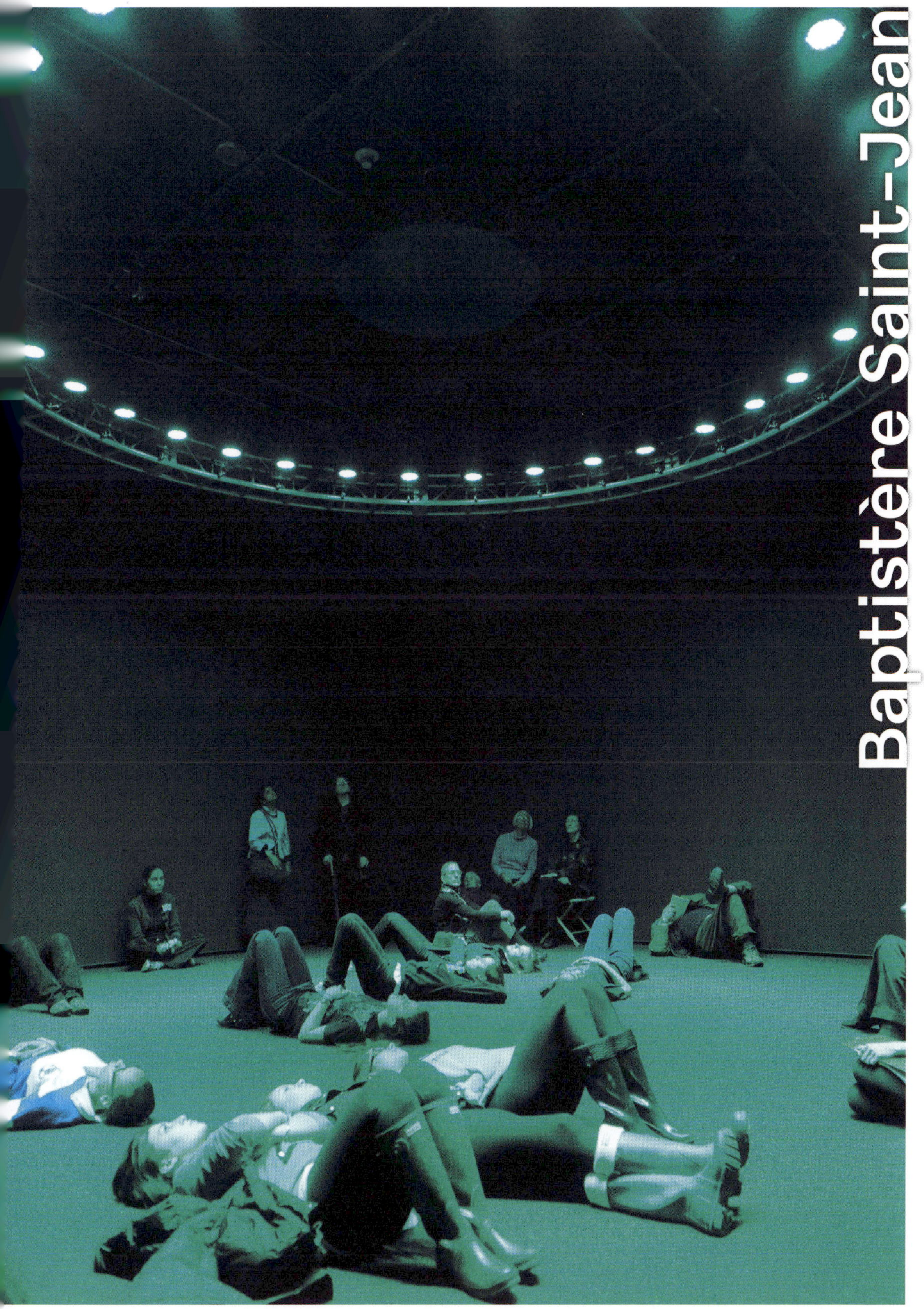
Baptistère Saint-Jean

KIMSOOJA
To Breathe, 2019

En enveloppant les fenêtres de la crypte de l'église Sainte-Radegonde d'un film translucide qui révéle le spectre lumineux des rayons du soleil perceptible, Kimsooja rend poreuse la frontière entre intérieur et extérieur, tout en insufflant de la vie au sein de ce lieu où repose Sainte Radegonde. A mesure que les heures défilent, la luminosité s'intensifie et s'affaiblit, métamorphosant l'espace ; chaque instant devient le moment d'une expérience unique. Illuminé par les couleurs incandescentes de l'arc-en-ciel, ce tombeau évoque la relation continuelle entre la vie et la mort, en un hommage à l'ancienne Reine des Francs. Comme un *bottari*, la crypte contient un monde miniature et se révèle dans un jeu d'oppositions entre lumière et obscurité, entre être et non-être, pour peu à peu devenir des forces mutuellement dépendantes et éphémères.

L.G.

By wrapping the crypt windows of the Church of Sainte-Radegonde in a transluscent film the light spectrum of the sun's rays is perceptible. Kimsooja renders the border between inside and outside as porous, breathing life into this site where Sainte Radegonde lies. As the hours pass, the luminosity intensifies and weakens, transforming the space; each moment becomes the occasion for a unique experience. Illuminated by the incandescent colors of the rainbow, this tomb evokes the continuous relationship between life and death, in homage to the former Queen of the Franks. Like *bottari*, the crypt contains a miniature world and reveals itself through contrasts – between light and darkness, being and non-being – so that these may be understood as mutually dependent and ephemeral forces.

L.G.

Eglise Sainte-Radegonde

Reine des Francs, Radegonde fonde à Poitiers vers 555 le monastère Sainte-Croix, premier monastère féminin en Gaule. Eglise de pèlerinage, sa façade présente un clocher-porche du XIe siècle précédé d'un parvis de justice. Le portail (XVe siècle) donne accès à la nef, refaite au XIIIe siècle dans le style gothique Plantagenêt, éclairée par une série de vitraux des XIIIe et XIVe siècles, relatant la vie de Radegonde. La crypte, semi-enterrée sous le chœur, abrite le tombeau de la sainte, objet d'une vénération attestée depuis le Moyen Age.

Queen of the Franks, Radegund founded the Abbey of the Holy Cross in Poitiers around 555, the first female monastery in Gaul. A pilgrimage church, its façade features an 11th century bell-tower-porch preceded by a courtyard. The 15th century portal provides access to the nave, redone in the 13th century in the Gothic Plantagenet style, and illuminated by a series of stained glass windows from the 13th and 14th centuries recount the life of Radegund. The crypt, which is half-buried under the choir, houses the saint's tomb, an object of veneration certified since the Middle Ages.

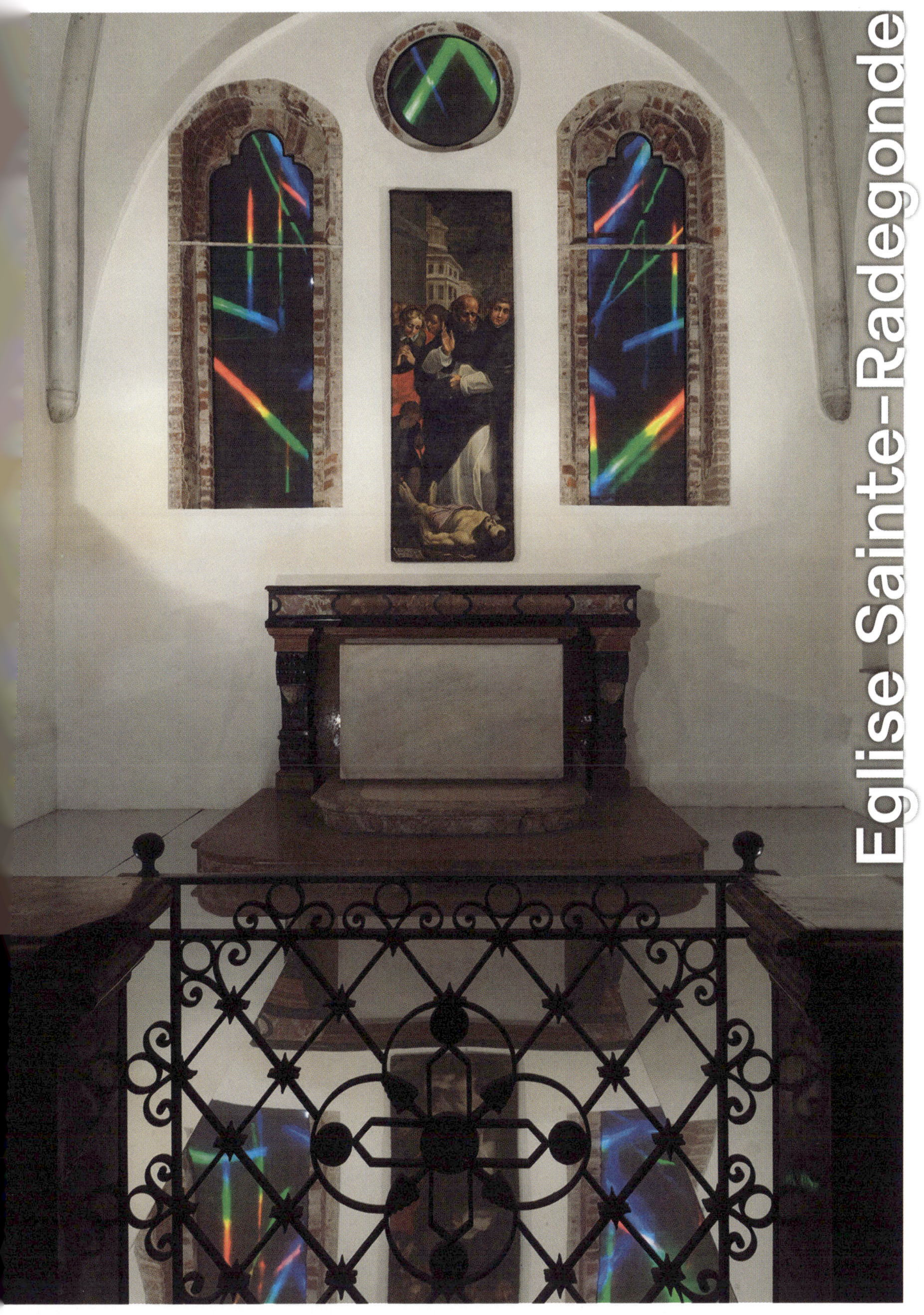

Eglise Sainte-Radegonde

JUNG MARIE

The Song of the Long-lasting Joy, 2019

Au cœur de l'église Sainte-Radegonde, l'artiste sud-coréenne Jung Marie apparaît toute de blanc vêtue, et entame un chant traditionnel coréen, le Jeong-ga, longue poésie chantée dont les variations subtiles de formes et de rythmes tissent une toile émotionnelle intense sur la durée. Originellement accompagné par un petit orchestre de six instruments, le chant de Jung Marie se concentre davantage sur la voix pour ainsi en dépasser le cadre traditionnel. Cette forme d'art est l'expression la plus pure de l'esthétique coréenne qui considère que les sentiments complexes ne peuvent être exprimés à travers des mots. Particulièrement sensible à la musique sacrée européenne, l'artiste renouvelle ce genre par sa maîtrise unique d'extrêmement longues respirations, conçues comme un voyage méditatif hors du temps et une expérience quasi-transcendantale.
Invitée par Kimsooja, elle a souhaité partager ce chant de joie avec les spectateurs, en hommage à Sainte-Radegonde, ancienne Reine des Francs et figure importante de Poitiers.

E.d.M.

In the Church of Sainte-Radegonde, South Korean artist Jung Marie, all dressed in white, sings a traditional Korean song, the "Jeong-ga"—a long, lyrical poem whose subtle formal and rhythmic variations weave an intense, emotional web over time, and originally sung with the accompaniment of a small orchestra of six different instruments. Hoping to overcome its regional limit and old-fashioned impression, Jung Marie is focusing on the origins of human voice by excluding all the accompaniment. This art form is the purest expression of the Korean aesthetic, which holds that complex feelings cannot be expressed through words. Especially sensitive to sacred European music, the artist reinvigorates the genre through her unique mastery of extremely long breaths, conceived as a meditative journey outside of time and as a quasi-transcendental experience.
Invited by Kimsooja, she has decided to share this song of joy with the audience, as a homage to Sainte-Radegonde, the former Queen of the Franks and an important figure of Poitiers.

E.d.M.

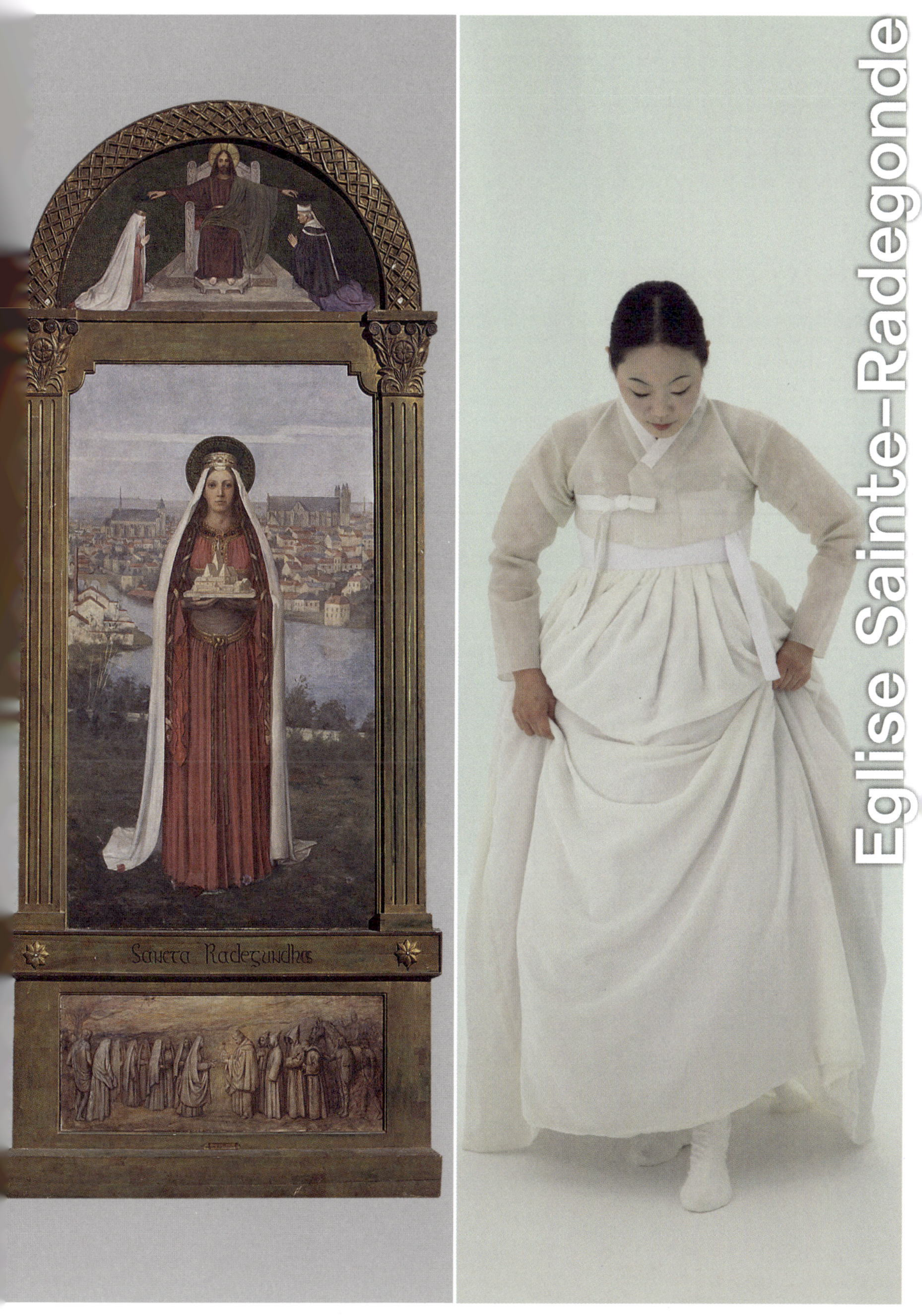
Sancta Radegundis
Eglise Sainte-Radegonde

TOMOKO SAUVAGE

In Curved Water, 2019

Suspendus à l'aide de cordes nouées, des blocs de glace fondent au-dessus de bols de porcelaine remplis d'eau, devenus des synthétiseurs naturels. A partir des gouttes qui, peu à peu, se déposent dans ces « waterbowls », l'artiste franco-japonaise Tomoko Sauvage joue le jeu du hasard. En tombant, les perles d'eau résonnent, amplifiées par des hydrophones, en un orchestre aléatoire dont l'évaporation des liquides modifie progressivement les mélodies. La musique est ainsi générée par les ondulations sonores dans un va-et-vient apaisant qu'accompagnent les reflets de lumière. *In Curved Water* s'inspire du « jal tarang », un instrument de percussion traditionnel indien, et devient le terrain d'une rencontre avec l'inconnu, où chaque caractéristique de l'espace environnant – température, architecture, humidité, présence humaine – vient influer la recherche sonore. Délicatement, la fonte de ces blocs de glace crée des sonorités proches de celle d'horloges qui obligent à se confronter au ralentissement, à une maîtrise subtile de l'onde aquatique, à l'impermanence du monde.

L.G.

Blocks of ice hung from knotted ropes melt into porcelain bowls filled with water that have become natural synthesizers. Using the drops that gradually settle in these "waterbowls," the Franco-Japanese artist Tomoko Sauvage plays a game of atmospheric chance. As they fall, the drops of water resonate, amplified by hydrophones, forming a random composition that varies based on the conditions of liquid evaporation. The music is thus generated through the soothing, back and forth rhythm of the sound waves and attendant light reflections. *In Curved Water* is inspired by the "jal tarang," a traditional Indian percussion instrument, and becomes a meeting ground with the unknown. Each element of the surrounding space—temperature, architecture, humidity, and human presence—influences the sonic research. The melting ice delicately generates clock-like sounds, forcing us to slow down and assert a subtle form of control over the rippling of the water, the impermanence of the world.

L.G.

Espace Mendès-France

Créé il y a 30 ans par des chercheurs de l'université désireux de rendre la science accessible au plus grand nombre, l'Espace Mendès-France est un Centre de Culture Scientifique, Technique et Industrielle, qui propose expositions, conférences, débats, animations, et spectacles.

Created 30 years ago by researchers from the university who wanted to make science broadly accessible, Espace Mendès France is a center for scientific, industrial, and technological culture, which hosts exhibitions, conferences, debates, public programs, and performances.

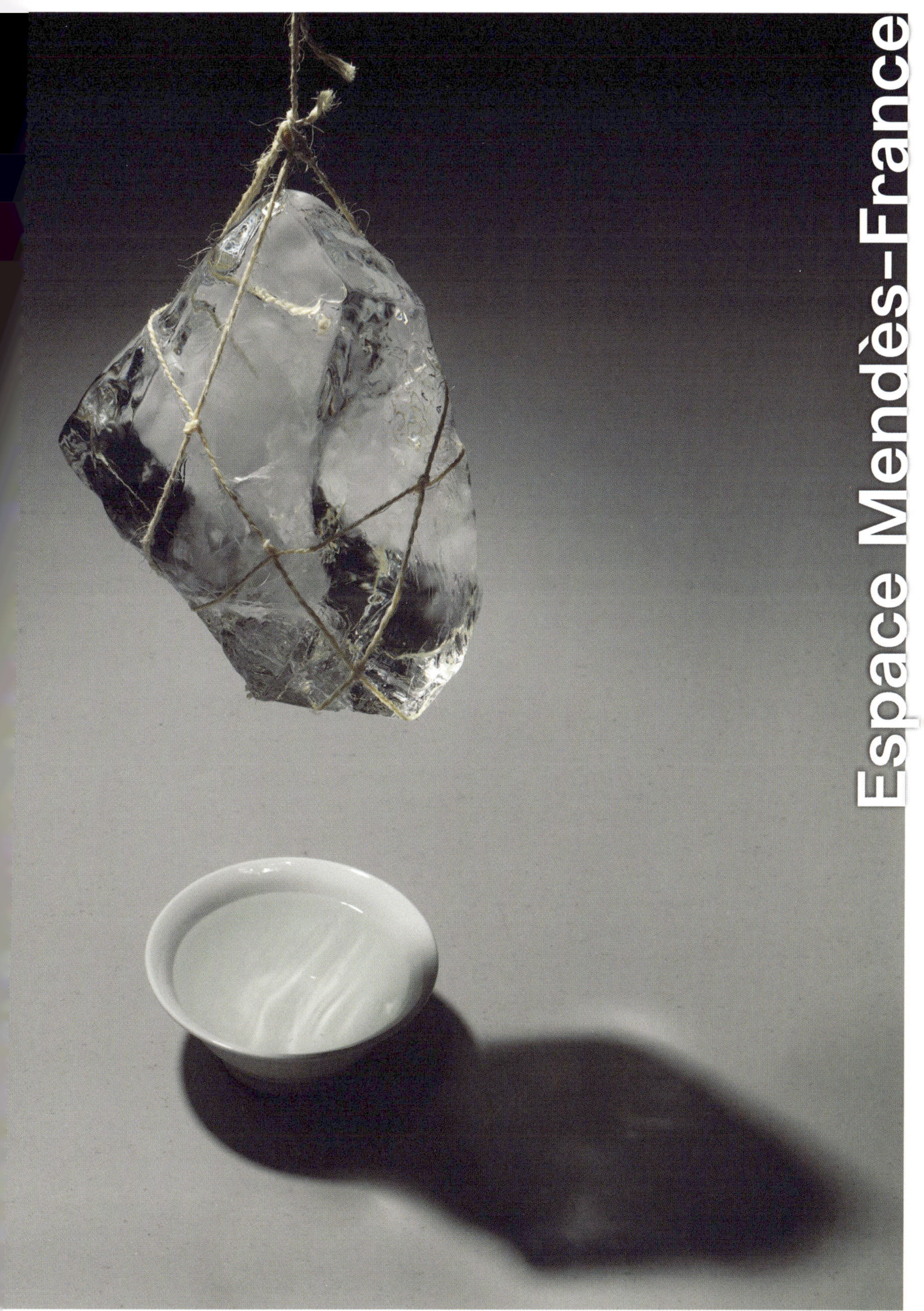
Espace Mendès-France

KIMSOOJA
To Breathe, 2019

En recouvrant le sol de miroirs, Kimsooja propose, avec son installation monumentale et immersive *To Breathe,* une nouvelle perception de l'espace du Confort Moderne, ancienne friche industrielle devenue un lieu d'expérimentation artistique. Les colonnes se dédoublent et les poutres métalliques se multiplient, créant un renversement vertigineux. Alors que le sol se pare d'une surface réfléchissante, l'éventail de miroirs qui constitue l'œuvre *Encounter-A Mirror Woman* se déploie au centre de l'espace telle une extension du vide apparent. Par un geste aussi minimaliste que radical, Kimsooja enveloppe le visiteur au sein d'une architecture qui se fait œuvre. Dans un jeu d'oppositions entre structures verticales – l'écran de miroirs et les colonnes – et le sol horizontal, l'espace se dissout en d'infinis dessins géométriques et invite à une rencontre démultipliée avec sa propre altérité.

L.G.

Covering the floor with mirror in her monumental and immersive installation, *To Breathe*, Kimsooja produces a new perception of the Confort Moderne space, a former industrial wasteland that has become a place for artistic experimentation. The columns split into two and the steel beams multiply, creating a disorienting reversal. While the floor is adorned with a reflective surface, the vertical mirrors of *Encounter-A Mirror Woman* stand in the center of the space, like an extension of the apparent void. Through a gesture as minimalist as it is radical, Kimsooja envelops the visitor in an architecture turned into an artwork. There is a play of oppositions between vertical structures—the folding screen of mirrors and columns—and the horizontal mirrored floor, causing the space to dissolve into infinite geometric patterns and inviting us into a prolific encounter with our own otherness.

L.G.

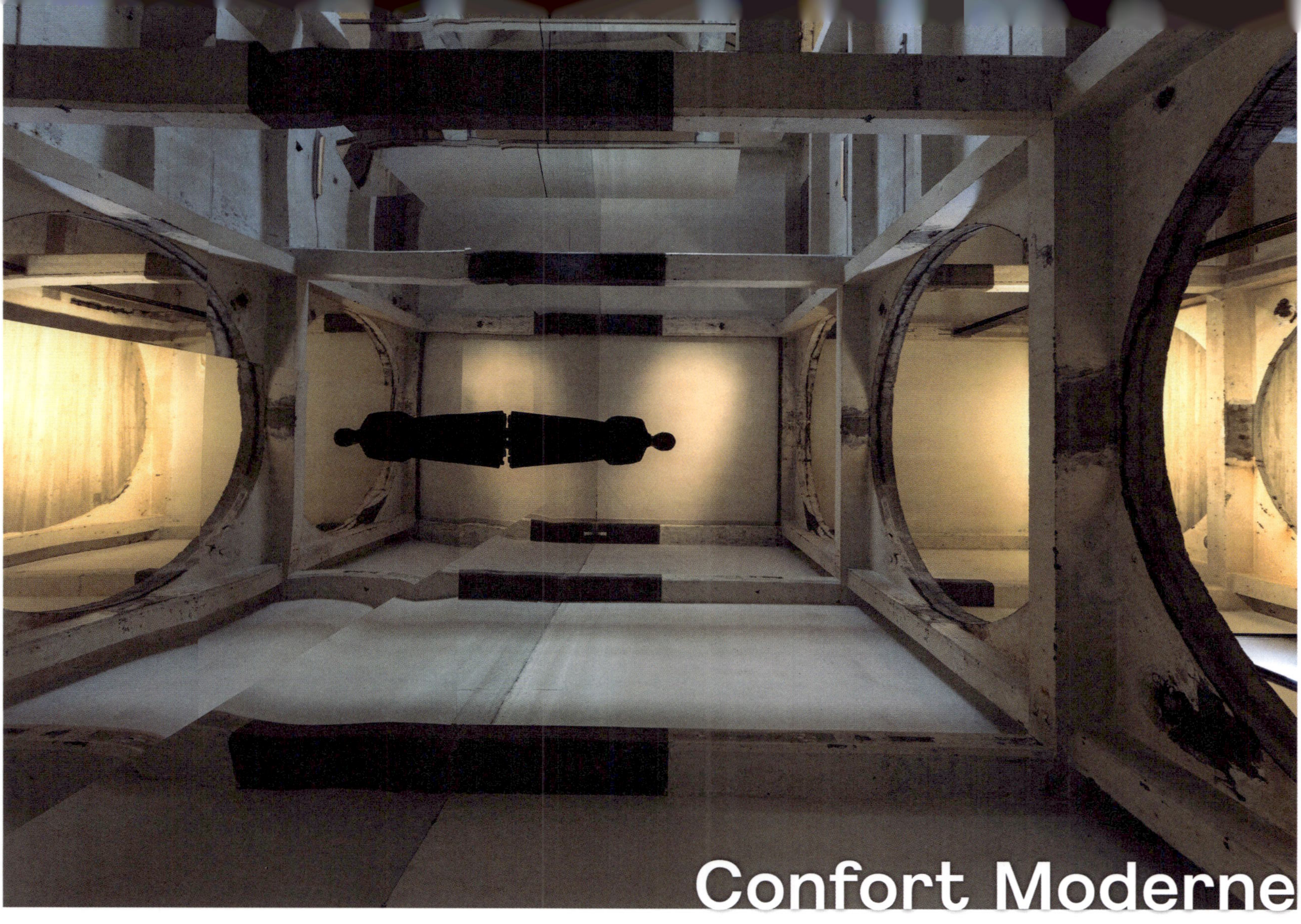
Confort Moderne

J'ai toujours voulu montrer
la réalité du monde,
davantage par le « non-faire »,
« sans rien faire » et présenter les
choses « telles qu'elles sont »,
pendant que la plupart des
performeurs tentent de montrer
et créer quelque chose
de nouveau en faisant ou en
agissant

I always wanted to show
the reality of the world more
by "doing nothing," "without
making something" and showing
"as it is" while most performers
try to show and create something
new by doing or acting something

Kimsooja

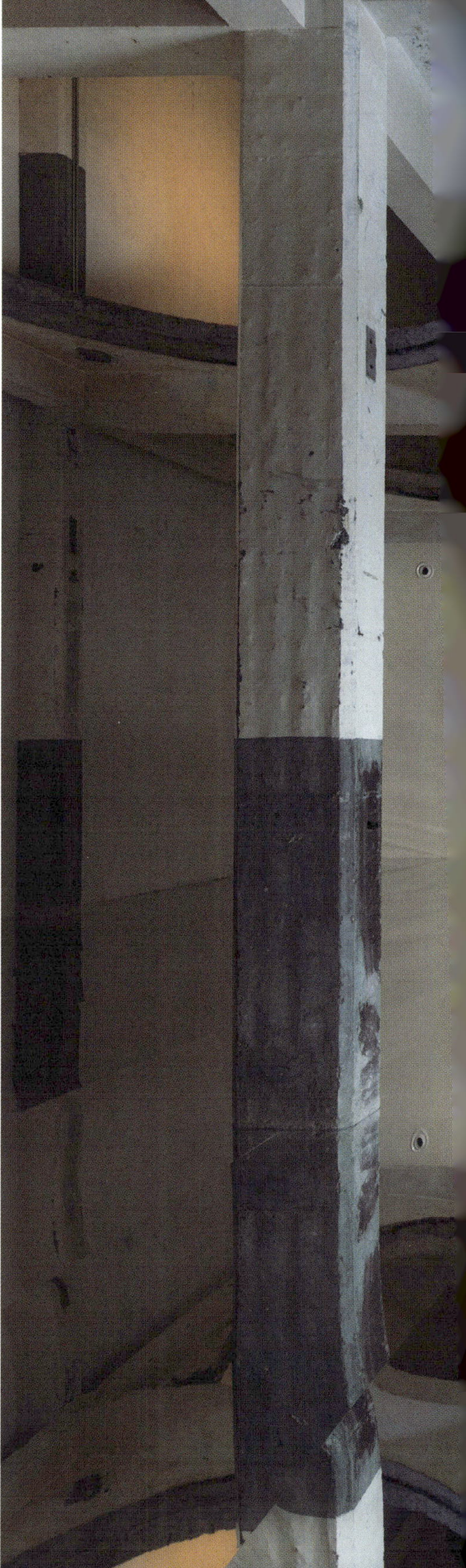

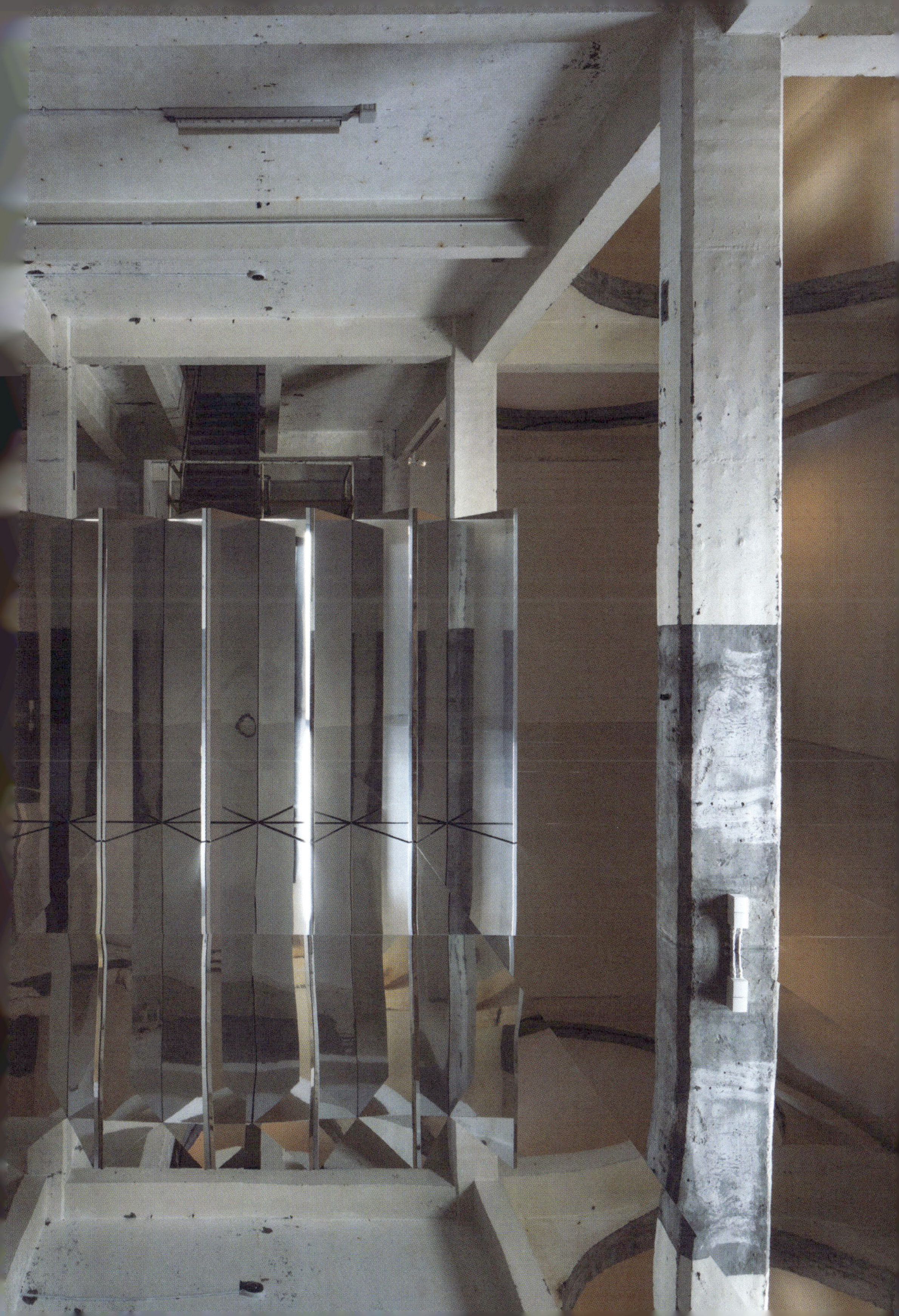

KIMSOOJA
Mandala : Zone of Zero, 2004-2010

Traditionnellement considéré comme un outil d'enseignement spirituel et un espace sacré, le mandala s'envisage également comme un révélateur d'émotions selon le psychanalyste Carl Gustav Jung. Kimsooja reprend ce motif circulaire sous la forme d'un juke-box américain, un « ready-made » à la frontière de la culture populaire et de la spiritualité, entre consumérisme et dévotion. De l'appareil musical aux couleurs vives et aux reflets scintillants s'élèvent des chants tibétains, grégoriens et islamiques qui composent un hymne à la coexistence. Malgré son aspect antithétique à l'introspection, le juke-box de Kimsooja appelle pourtant à une réflexion intérieure sur les conflits politiques et religieux actuels. Avec *Mandala : Zone of Zero,* l'artiste offre une porte d'entrée vers un espace hypnotique, méditatif et hors du temps.

L.G.

Traditionally defined as a tool for spiritual teaching and sacred space, the mandala, according to psychoanalyst Carl Gustav Jung, reveals emotions. Kimsooja uses the form of the "ready-made" American jukebox to take up this circular motif—appealing both to popular culture and spirituality, consumerism and devotion. Tibetan, Gregorian, and Islamic chants play from the brightly colored and gleaming music player, composing a hymn for coexistence. While it may be antithetical to introspection in some respects, calls for inner reflection on current political and religious conflicts. Kimsooja's *Mandala: Zone of Zero* opens the door to a hypnotic, meditative, and timeless space.

L.G.

« Mandala » est devenu un terme générique pour n'importe quel plan, graphique ou motif géométrique qui représente le cosmos – de manière métaphysique ou symbolique -, un microcosme de l'Univers selon le point de vue humain

"Mandala" has become a generic term for any plan, chart, or geometric pattern that represents the cosmos metaphysically or symbolically, a microcosm of the Universe from the human perspective

Kimsooja

Confort Moderne

Après avoir été atelier de mécanique, fonderie et magasin d'électroménager, le Confort Moderne devient dans le début des années 80 une friche artistique pionnière. Réhabilité en 2017 par l'architecte Nicole Concordet, le Confort Moderne est un lieu de création au service des artistes.

After having served as a mechanics shop, a foundry, and a household appliance store, the Confort Moderne became a pioneering artistic gathering place in the early 1980s. After a comprehensive renovation carried out by architect Nicole Concordet in 2017, the Confort Moderne offers a creative center for artists.

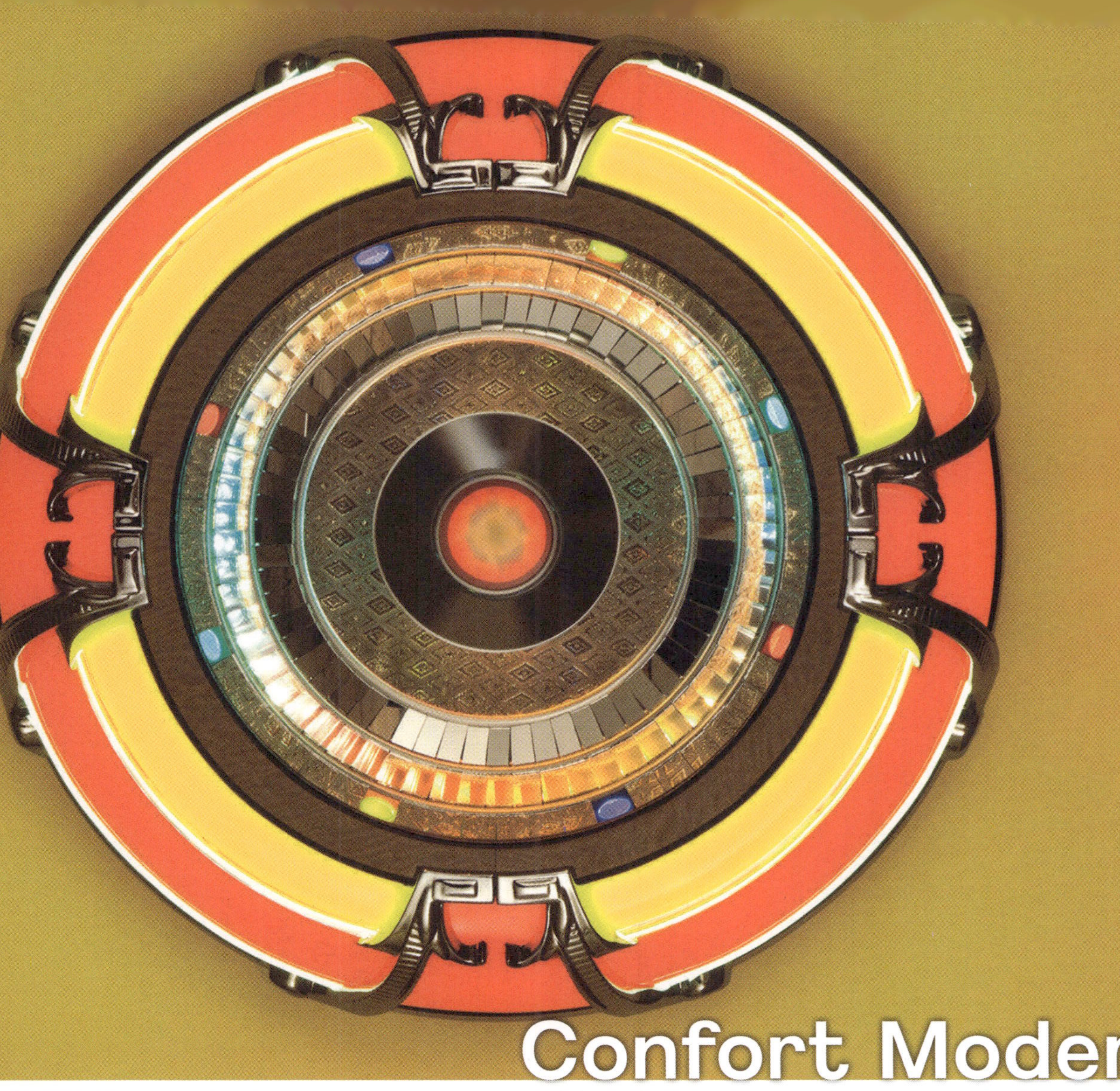

Confort Moderne

STEPHEN VITIELLO
TAYLOR DEUPREE
Duet, 2019

Le temps d'un concert, Stephen Vitiello et Taylor Deupree créent des paysages sonores évolutifs à l'aide de synthétiseurs modulaires, d'instruments acoustiques, et de sons produits à partir d'objets trouvés. Ensemble, ils privilégient la « texture » des sons, sans mélodie apparente, même si une ligne lyrique émerge de temps à autre et emmène l'auditeur dans un nouvel espace immersif. Organique et océanique, leur performance musicale s'inspire de leur résidence à la Fondation Robert Rauschenberg en Floride, où a eu lieu l'enregistrement de l'album *Captiva,* et qui constitue un exemple de leur approche du son et de la composition, à la fois riche et minimaliste.

L.G.

In the span of a concert, Stephen Vitiello and Taylor Deupree create evolving sonic landscapes with modular synthesizers, acoustic instruments, and sounds produced using found objects. Together, they foreground the "texture" of the sounds, which appear to have no melody despite the occasional lyrical tune, which carries the listener off into a new immersive space. Organic and oceanic, their musical performance is inspired by their residency at the Robert Rauschenberg Foundation in Florida, where they recorded their album, *Captiva*, which is exemplary of their rich and minimalist approach to sound and composition.

L.G.

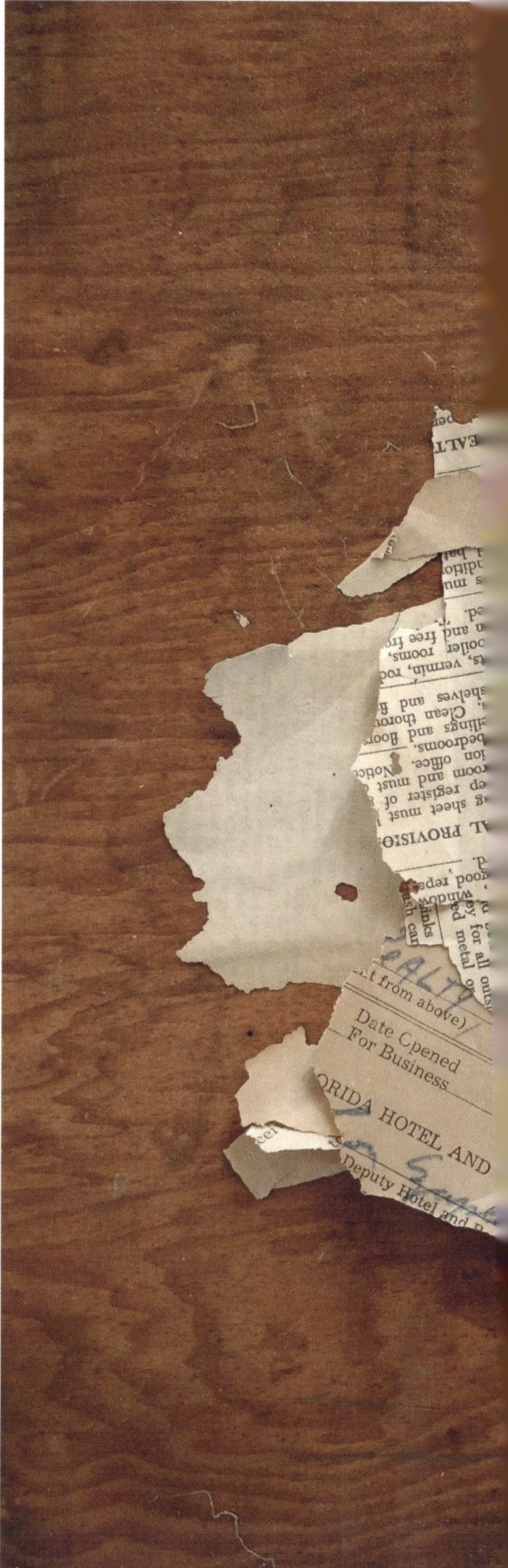

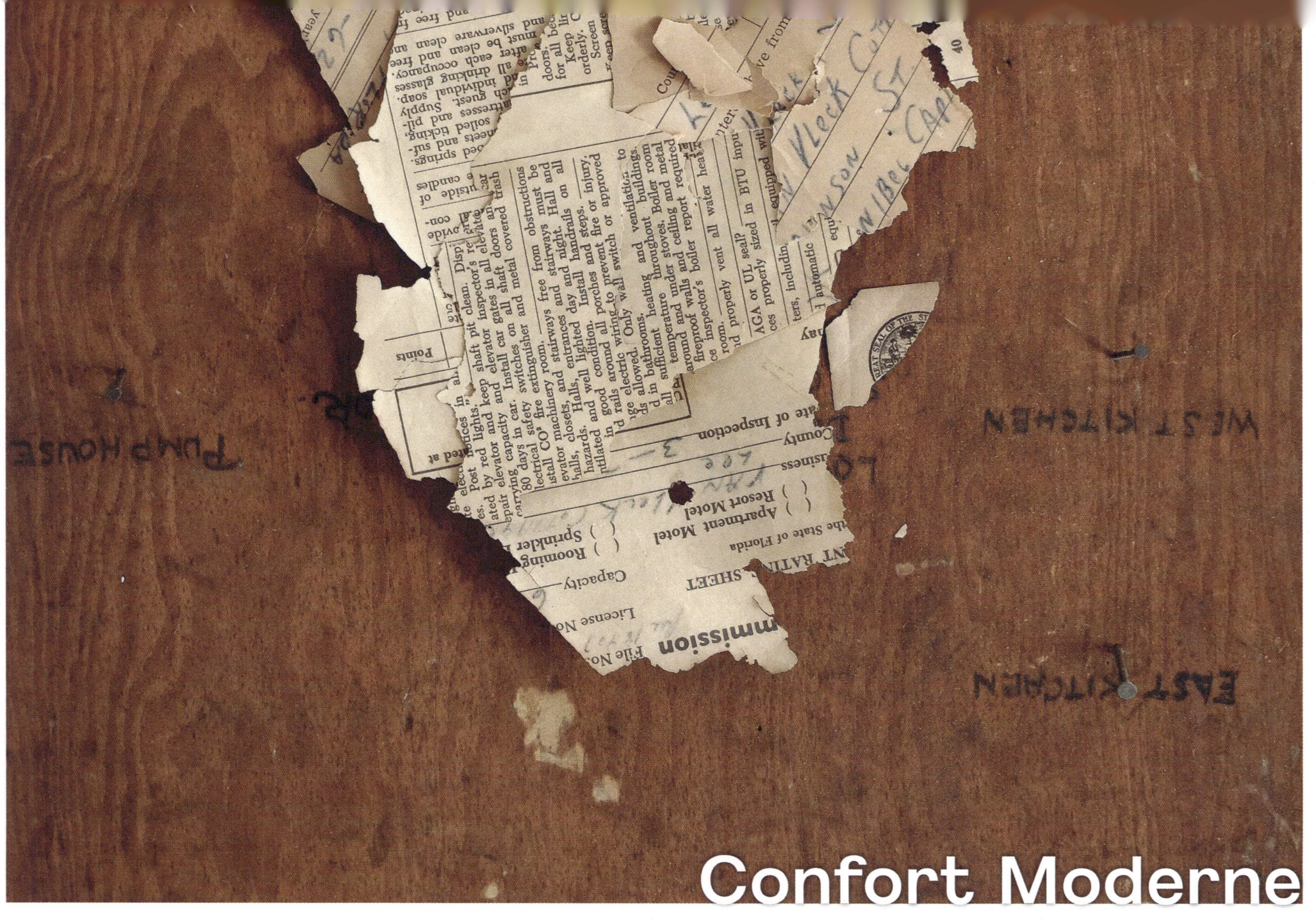
Confort Moderne
EAST KITCHEN
WEST KITCHEN
PUMP HOUSE

MIN TANAKA
Locus Focus 2019

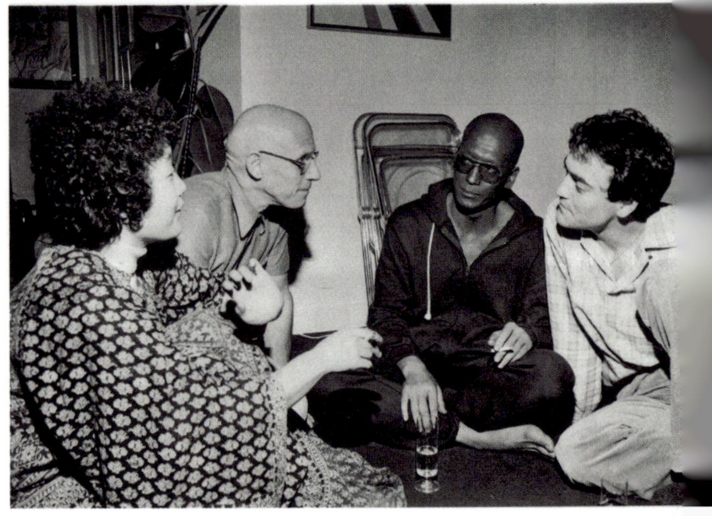

Je ne danse pas dans le lieu mais je danse le lieu

Cet adage de Min Tanaka, aussi bref qu'un haïku, résume tout le processus du chorégraphe japonais. Depuis 1974, il a développé son propre style de danse appelé « hyper-dance », inspiré de sa collaboration avec le fondateur du Butoh, Tatsumi Hijikata, de ses rencontres avec les Post-modernes américains (Simone Forti ou Anna Halprin), mais également des intellectuels (Michel Foucault, Félix Guattari, Gilles Deleuze) ou encore des musiciens improvisateurs (Cecil Taylor, Derek Bailey ou Milford Graves). Chorégraphe et cultivateur, sa recherche sur les origines de la danse s'exprime dans la fusion entre l'expression artistique, la vie quotidienne et le lien à la nature. Le projet *Locus Focus* est une série de spectacles de danse et d'improvisation dans l'espace public conçue comme une expérience de porosité extrême avec l'environnement. Sa danse est un état extatique, une façon de « laisser les autres passer en moi, me traverser » dit-il.
Pour ce nouvel opus de *Locus Focus*, Min Tanaka s'empare de la ville de Poitiers pendant plusieurs semaines donnant à sa danse une dimension temps-espace sans précédent. Le réalisateur japonais Isshin Inudo suivra certaines de ses apparitions parfois secrètes pour le film *MIN TANAKA - Unnameable Dance*, dont le tournage a débuté en 2017 dans différentes parties du monde.

E.d.M.

I dance not in the place but I dance the place

This saying by Min Tanaka, brief as a haiku, sums up the Japanese choreographer's process.
Since 1974, he has developed his own style of dance called "hyper-dance," inspired by his collaboration with the founder of Butoh, Tatsumi Hijikata, his encounters with the American Post-Modernists (Simone Forti and Anna Halprin), as well as with intellectuals (Michel Foucault, Félix Guattari, and Gilles Deleuze) and improvisatory musicians (Cecil Taylor, Derek Bailey or Milford Graves). As a choreographer and farmer, his research on the origins of dance manifests in the fusion between artistic expression, daily life, and the connection to nature.
The *Locus Focus* project is a series of dance and improvisatory performances in public space designed as an experience of extreme porosity with the environment. His dancing achieves an ecstatic state, as a way of "letting others pass through me, traversing me," he says.
For this new iteration of *Locus Focus*, Min Tanaka takes over the city of Poitiers for several weeks, endowing his choreography with an unprecedented spatiotemporal dimension. Japanese director Isshin Inudo will follow some of his occasionally unannounced appearances for the film *MIN TANAKA - Unnameable Dance*, which he began shooting in 2017 in different parts of the world.

E.d.M.

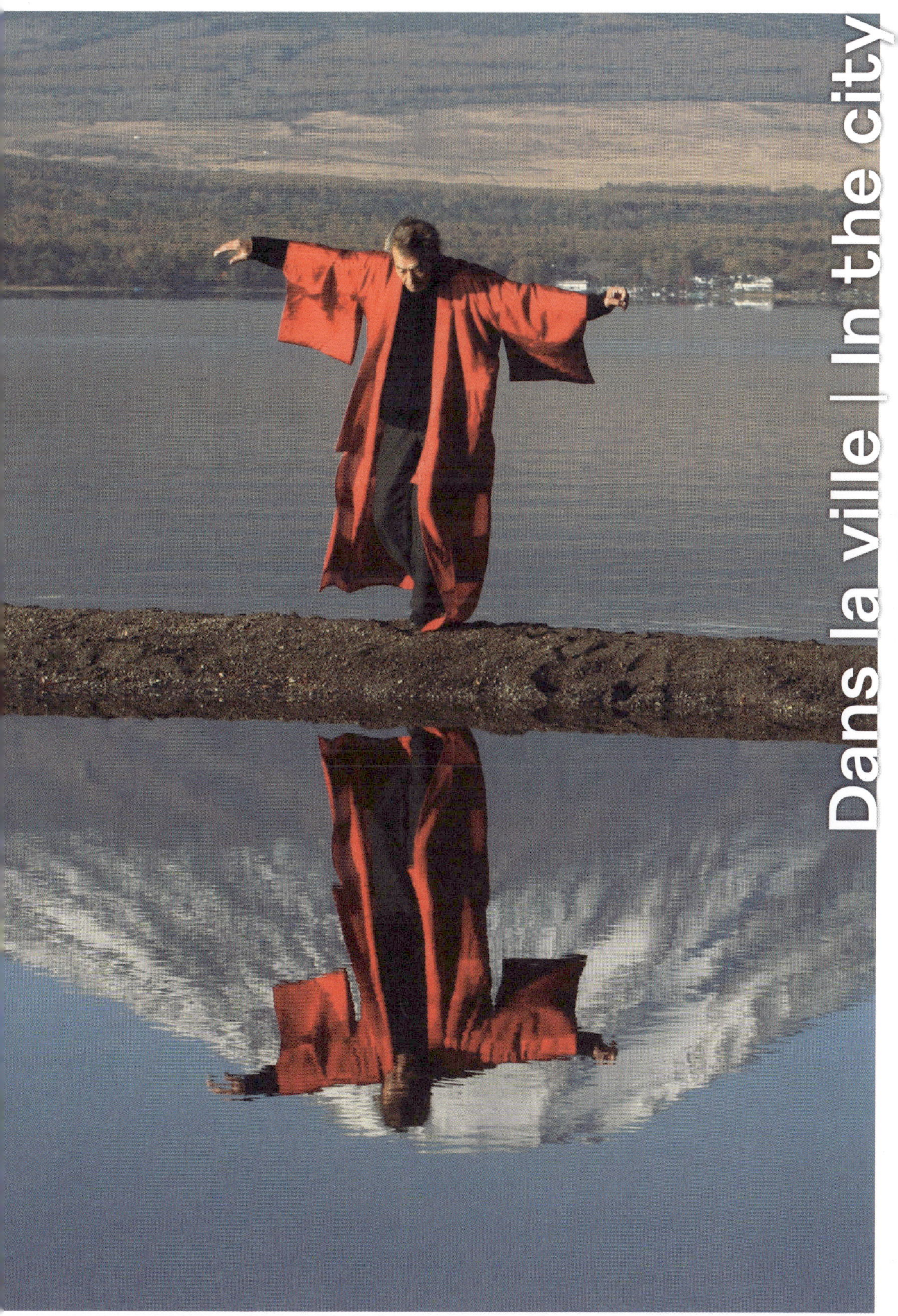

Dans la ville | In the city

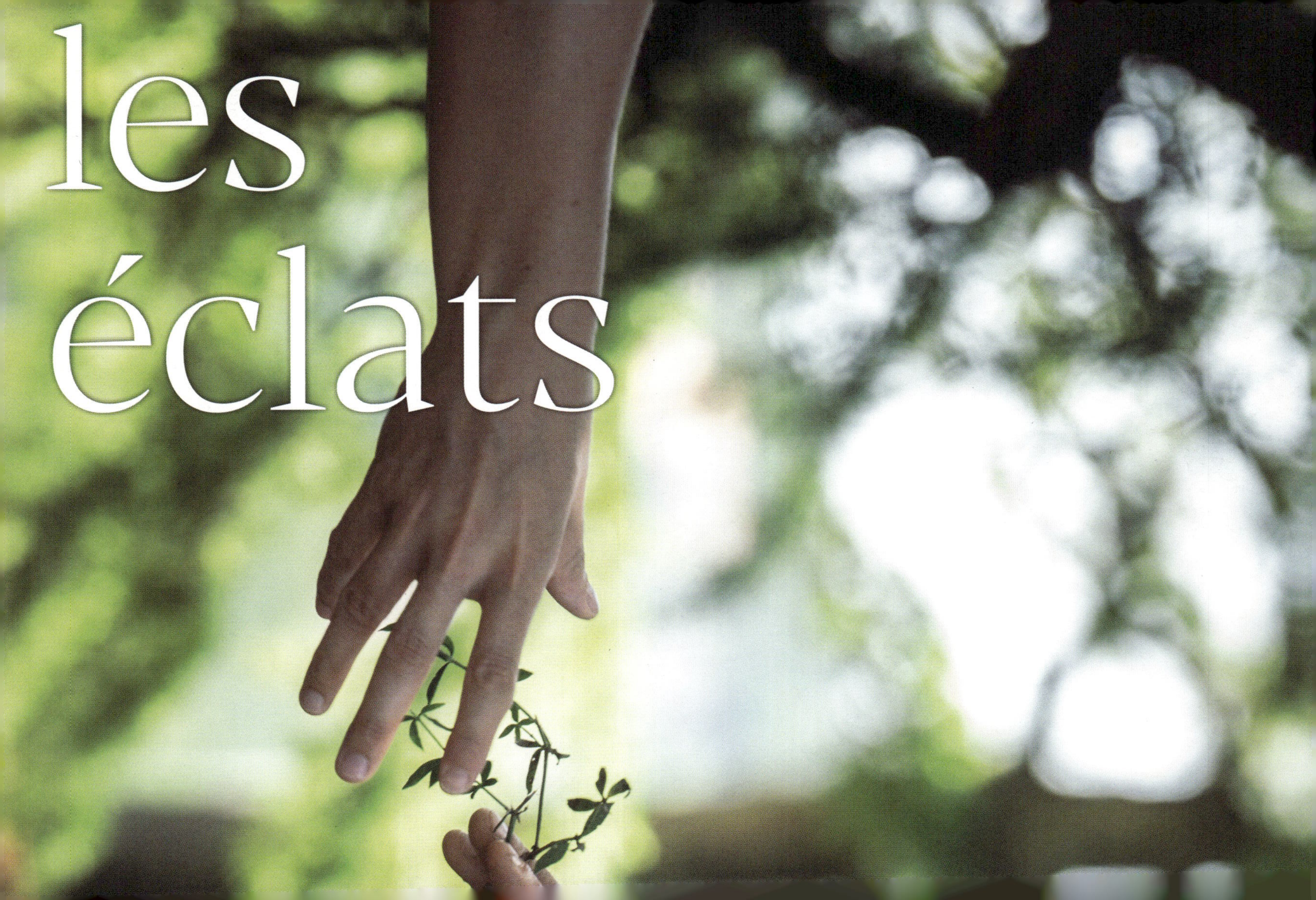
les
éclats

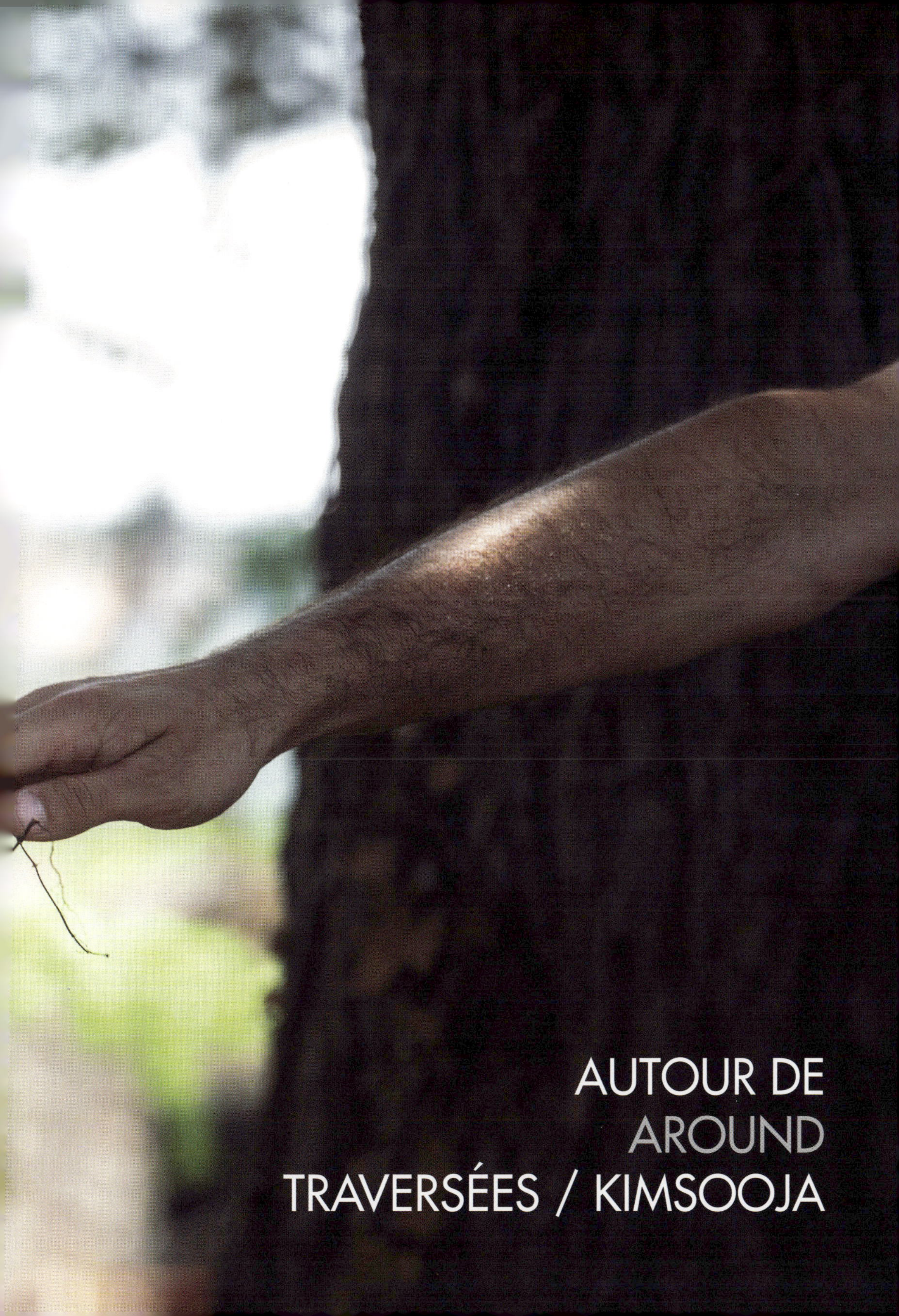
AUTOUR DE
AROUND
TRAVERSÉES / KIMSOOJA

COMPAGNIE L'HOMME DEBOUT
Mo et le ruban rouge, 2019

Fondée en 2011 à Poitiers par Benoît Mousserion, la compagnie L'Homme debout met en jeu des marionnettes géantes, fabriquées principalement à partir d'osier et mesurant entre six et huit mètres de hauteur. Ces silhouettes réalistes se meuvent avec délicatesse et précision, leurs gestes étant vecteur de sens et de poésie. Pour leur dernière création, *Mo et le ruban rouge* (2019), les personnages d'osier racontent l'histoire d'un enfant séparé de sa famille, son parcours fantasmé vers une nouvelle vie. Pendant *Traversées / Kimsooja*, cet enfant venu d'ailleurs déambule à Poitiers et dans les communes de Grand Poitiers, à la rencontre des habitants. En vue du spectacle de clôture, cette nouvelle marionnette prendra vie lors de chantiers participatifs, ouverts à tous les publics.

N.G.

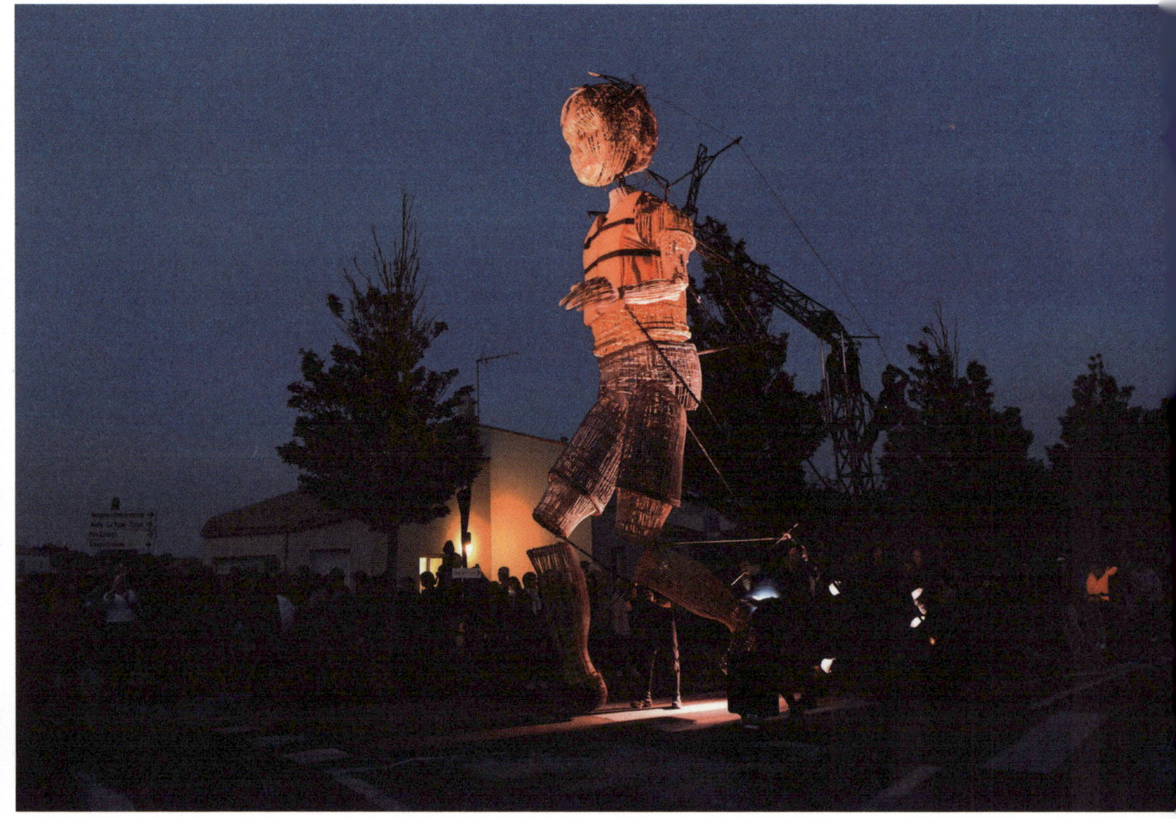

Founded in 2011 in Poitiers by Benoît Mousserion, the company L'Homme debout uses giant puppets, made primarily of wicker and measuring between six and eight meters in height. These realistic silhouettes move with grace and precision, their gestures conveying meaning and poetry. For their latest work, *Mo et le ruban rouge* [Mo and the Red Ribbon] (2019), the wicker characters tell the story of a child separated from his family, and of his fantasized journey towards a new life. During *Traversées / Kimsooja*, this child from elsewhere wanders around Poitiers and in the communes of Greater Poitiers to meet the inhabitants.
In preparation for the closing performance of *Traversées / Kimsooja*, this new puppet will come to life during participatory workshops, open to all audiences.

N.G.

Construire un géant, c'est lui inventer une vie, une histoire. C'est retomber dans l'enfance, à cette époque où l'on marche en équilibre entre réalité et imaginaire, comme un funambule sur son fil, avec cette aisance qui nous échappe une fois devenus adultes

To build a giant means to invent a life, a story for it. It means returning to childhood, to that time when we played the balancing act between reality and imagination, like a tightrope walker on his thread, with an ease that escapes us now as adults

Benoît Mousserion

ARS NOVA - MYRIAM BOUCHER

Signature sonore pour Poitiers, 2019

L'ensemble Ars Nova, installé depuis vingt ans à Poitiers et actuellement dirigé par le chef d'orchestre Jean-Michaël Lavoie, est dédié à la création musicale contemporaine. En invitant la compositrice québécoise Myriam Boucher à écrire une signature sonore qui exprime l'identité de Poitiers, Ars Nova rejoint *Traversées / Kimsooja* avec un projet qui active et irrigue le territoire. Cette empreinte musicale, créée lors de deux sessions de résidence à la Villa Bloch de Poitiers, apporte une touche poétique dans le quotidien des habitants et des visiteurs : de la sonnerie qui marque la fin de la récréation des élèves, à l'entrée dans un lieu culturel ou sportif, dans un commerce, rythmant les arrêts sur les lignes de bus, elle irrigue la ville et propose son écoute.
Compositrice et artiste vidéo, Myriam Boucher vit et travaille à Montréal, au Canada. Son travail sensible porte sur le rapport organique entre la musique, le son et l'image. Fascinée par la nature, elle crée de la musique visuelle inspirée du paysage et du rapport que l'être humain entretient avec celui-ci.

N.G.

A signature sound for Poitiers

The Ars Nova ensemble, based in Poitiers for twenty years and currently conducted by Jean-Michaël Lavoie, is dedicated to contemporary musical innovation. By inviting Quebec composer Myriam Boucher to write a signature sound that expresses Poitiers' identity, Ars Nova contributes to *Traversées / Kimsooja* with a project that activates and irrigates the area.
This musical imprint, created during two residency sessions at the Villa Bloch in Poitiers, brings a poetic touch to the daily lives of residents and visitors. Experienced in the bell that marks the end of recess at school, or upon entering a cultural institution, sports center, or retail shop, keeping in tempo with the bus stops... this sound signature irrigates the city and offers it up as something to be listening to.
Composer and video artist, Myriam Boucher lives and works in Montreal, Canada. Her sensitive work focuses on the organic relationship between music, sound, and image. Fascinated by nature, she creates visual music inspired by the landscape and its relationship to human beings.

N.G.

ENSEMBLE 0
Elpmas, 2019

Avec son album *Elpmas*, le compositeur et musicien américain Moondog dessine, en 1991, une ode à la nature et un manifeste contre les mauvais traitements réservés aux peuples aborigènes à travers les sonorités boisées des marimbas, les nombreux *field-recordings* et les formes japonisantes de ses mélodies. Anagramme de « sample », le titre évoque les fragments utilisés dans les musiques électroniques. Moondog a en effet échantillonné, note après note, l'ambitus entier d'un marimba, utilisé des enregistrements d'environnements sonores naturels et usé de traitements audio, le tout avec l'aide d'un ordinateur. Pour cette réinterprétation acoustique, encore inédite, l'Ensemble 0 entremêle les voix d'aujourd'hui à celles du passé, par l'utilisation de certains matériaux instrumentaux originaux, et nous invite à un voyage intérieur, sur les traces de Moondog.

N.G.

With his 1991 album *Elpmas*, the American composer and musician Moondog created an ode to nature and a manifesto against the mistreatment of Aboriginal peoples, with the wooden sounds of marimbas, the incorporation of numerous field-recordings, and melodies inspired by Japanese forms. An anagram of the word "sample," the title evokes the fragments used in electronic music. Moondog sampled, note after note, the entire range of a marimba, used recordings of natural sound environments, as well as audio processing, all with the help of a computer. For this as yet unpublished acoustic reinterpretation, Ensemble 0 intertwines today's voices with those of the past, through the use of original instrumental materials, and invites us into an inner journey, in the footsteps of Moondog.

N.G.

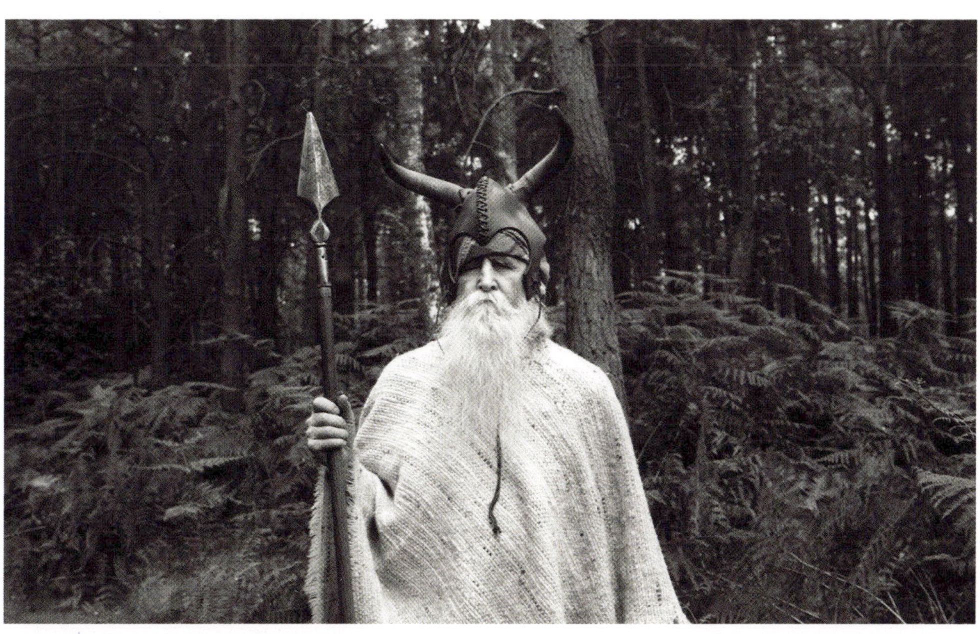

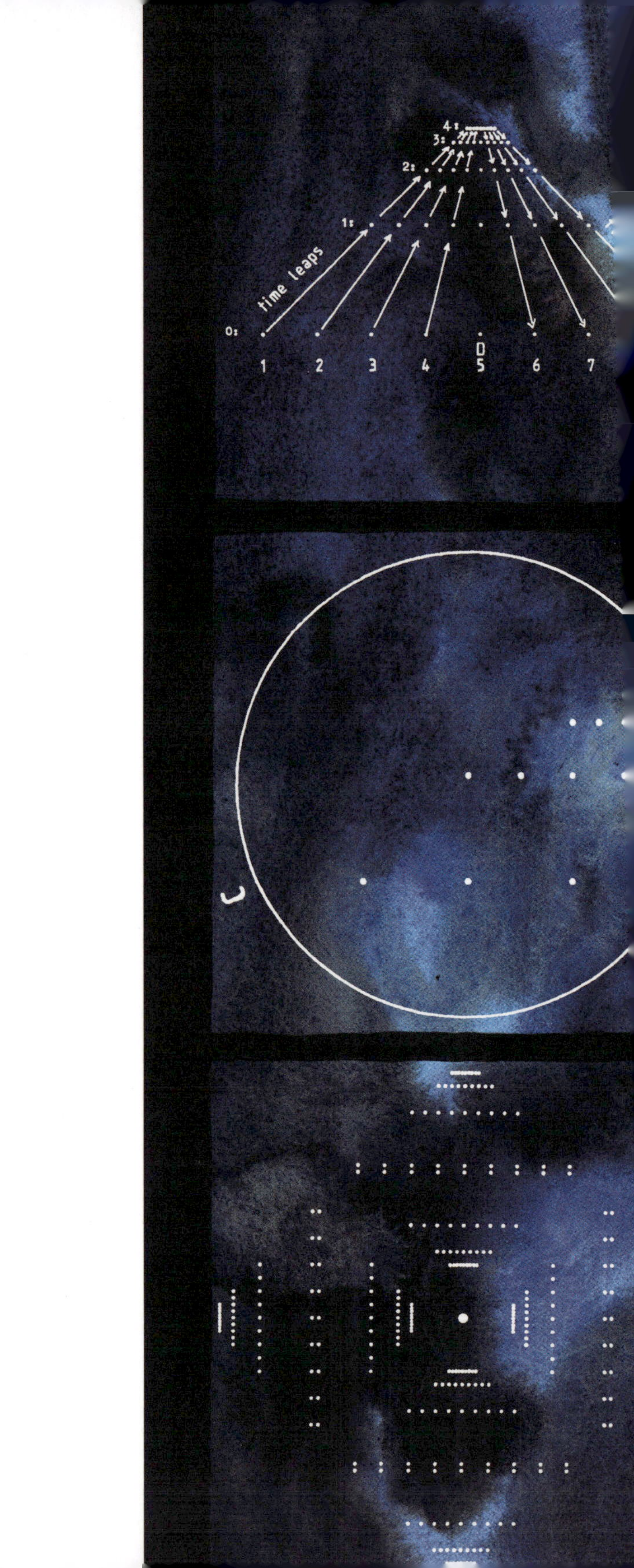
4:
3:
2:
1:
time leaps
0:
D
1
2
3
4
5
6
7

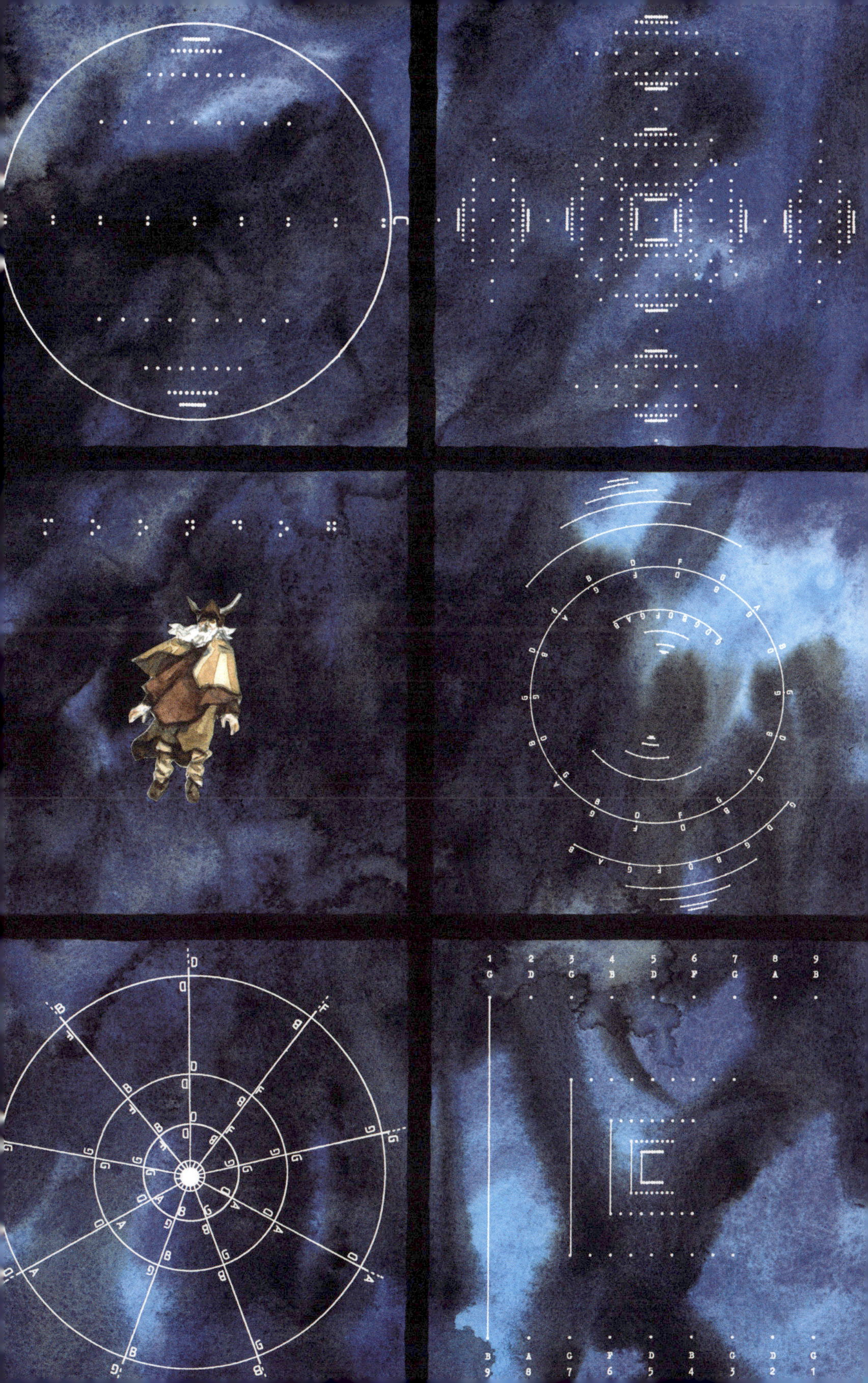
1 2 3 4 5 6 7 8 9
G D G B D F G A B
B A G F D B G D G
9 8 7 6 5 4 3 2 1

Exposition et colloques - L'art médiéval est-il contemporain ? Acte IV

Traversée à travers le temps, *L'art médiéval est-il contemporain ? Acte IV* établit un dialogue entre l'art médiéval et l'art contemporain. Évitant un médiévalisme de citation, il montre à partir de lectures croisées les points de convergence qui unissent des œuvres souvent séparées de plus de 1000 ans.
L'exposition présente une sélection de manuscrits médiévaux enluminés, comptant parmi les trésors inestimables de la Médiathèque de Poitiers. Les thématiques déclinées – la puissance du signe, la rhétorique de la couleur, la matérialité, la performance – mettent en lumière la pensée conceptuelle à l'œuvre au cours du premier Moyen Age.
Par une mise en regard d'œuvres médiévales et d'œuvres contemporaines proposées dans *Traversées / Kimsooja*, l'exposition dévoile comment l'art médiéval a pu nourrir l'art contemporain, et comment les deux champs artistiques se croisent dans leurs problématiques et leurs principes.
Cette exposition et le cycle de conférences qui l'accompagne, avec notamment Christian Heck, Thomas Golsenne, Chloé Maillet ou encore Vincent Debiais, sont proposés par le Centre d'Etudes Supérieures de Civilisation médiévale (CESCM) et la Médiathèque François-Mitterrand de Poitiers, en partenariat avec la Bibliothèque Nationale de France (BNF) et l'Institut National de l'Histoire de l'Art (INHA).

C.V.

Exhibition and Lectures - Is medieval art contemporary? Act IV

A journey through time, *L'art médiéval est-il contemporain ? Acte IV* establishes a dialogue between medieval and contemporary art. Without being overly citational, the exhibition offers comparative readings of the points of convergence that unite works often separated by more than 1,000 years.
The exhibition presents a selection of illuminated medieval manuscripts, which are among the priceless treasures of the Médiathèque de Poitiers. The themes invoked—the power of the sign, the rhetoric of color, materiality, and performance—highlight the conceptual thinking at work during the early Middle Ages.
By comparing medieval and contemporary works in *Traversées / Kimsooja*, the exhibition reveals how medieval art has informed contemporary art, and how the two artistic periods share overlapping concerns and principles.
This exhibition and the accompanying series of lectures by Christian Heck, Thomas Golsenne, Chloé Maillet, and Vincent Debiais, are presented by the Centre d'Etudes Supérieures de Civilisation médiévale (CESCM) and the Médiathèque François-Mitterrand de Poitiers, in partnership with the Bibliothèque Nationale de France (BNF) and the Institut National de l'Histoire de l'Art (INHA).

C.V.

Médiathèque François-Mitterrand

Inaugurée en 1996, la Médiathèque François Mitterrand est conçue par les architectes Laurent Beaudouin et Sylvain Giacomazzi. Avec ses lignes très contemporaines, elle s'intègre harmonieusement dans un quartier médiéval, à quelques pas de l'église Notre-Dame-la-Grande. Dotée d'un riche fonds patrimonial, elle fait partie d'un réseau de six équipements décentralisés, et propose deux cent manifestations culturelles par an.

Inaugurated in 1996, the François Mitterrand Media Library is designed by architects Laurent Beaudouin and Sylvain Giacomazzi. With its very contemporary lines, it blends harmoniously into a medieval district, a few steps from Notre-Dame-la-Grande. Endowed with a rich heritage fund, it is part of a network of six decentralized equipements. The media library offers two hundred cultural events per year.

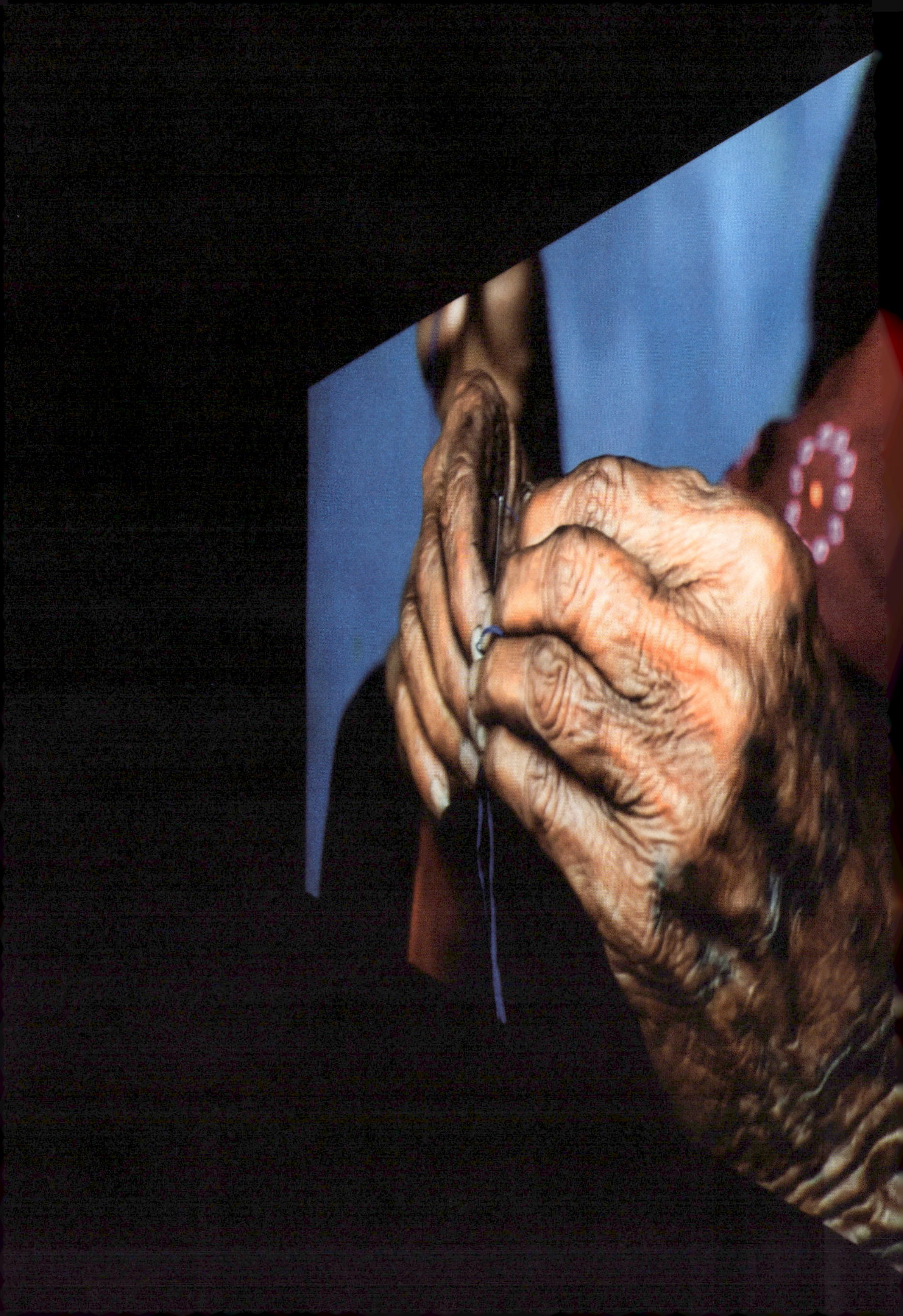

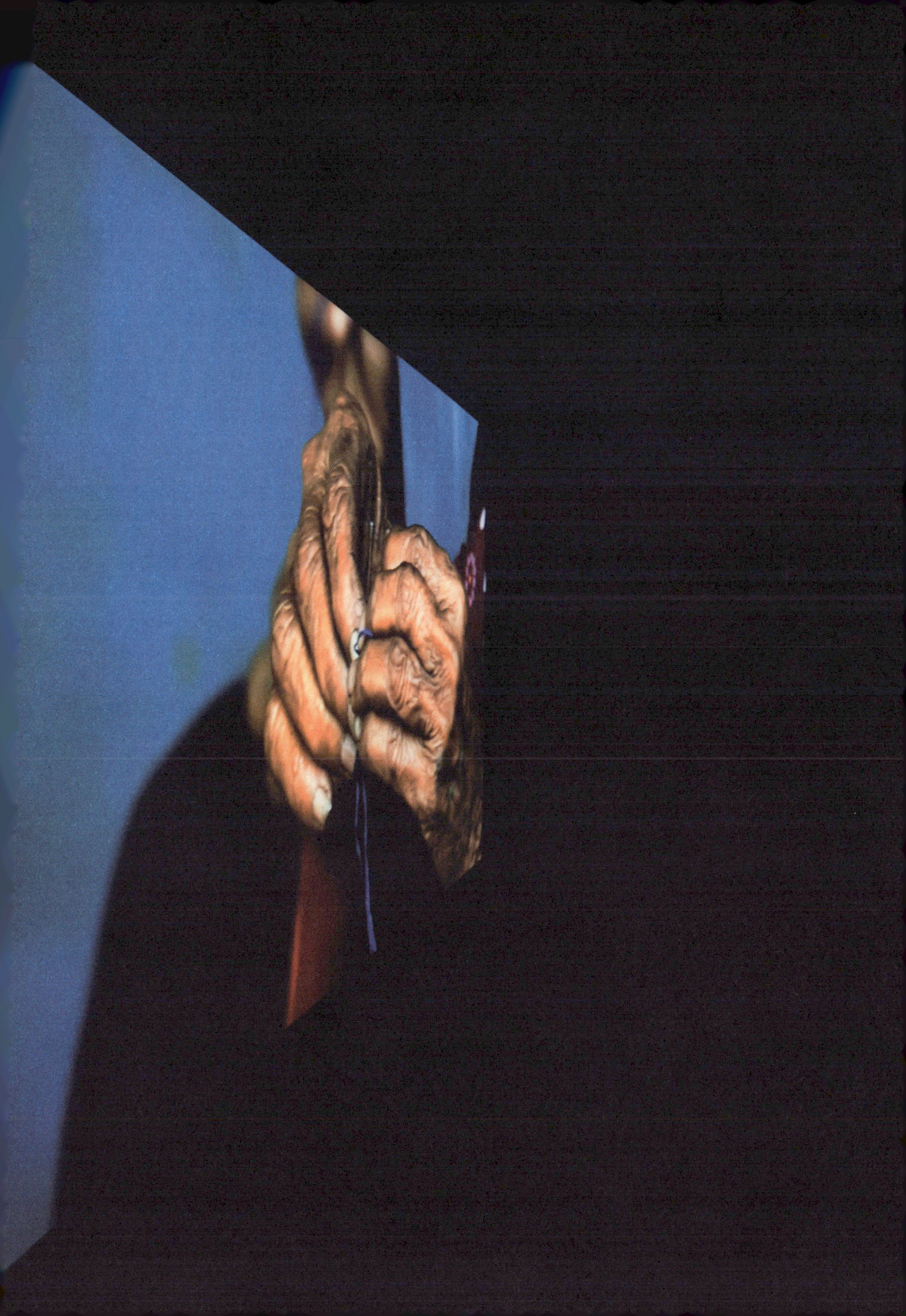

biographie

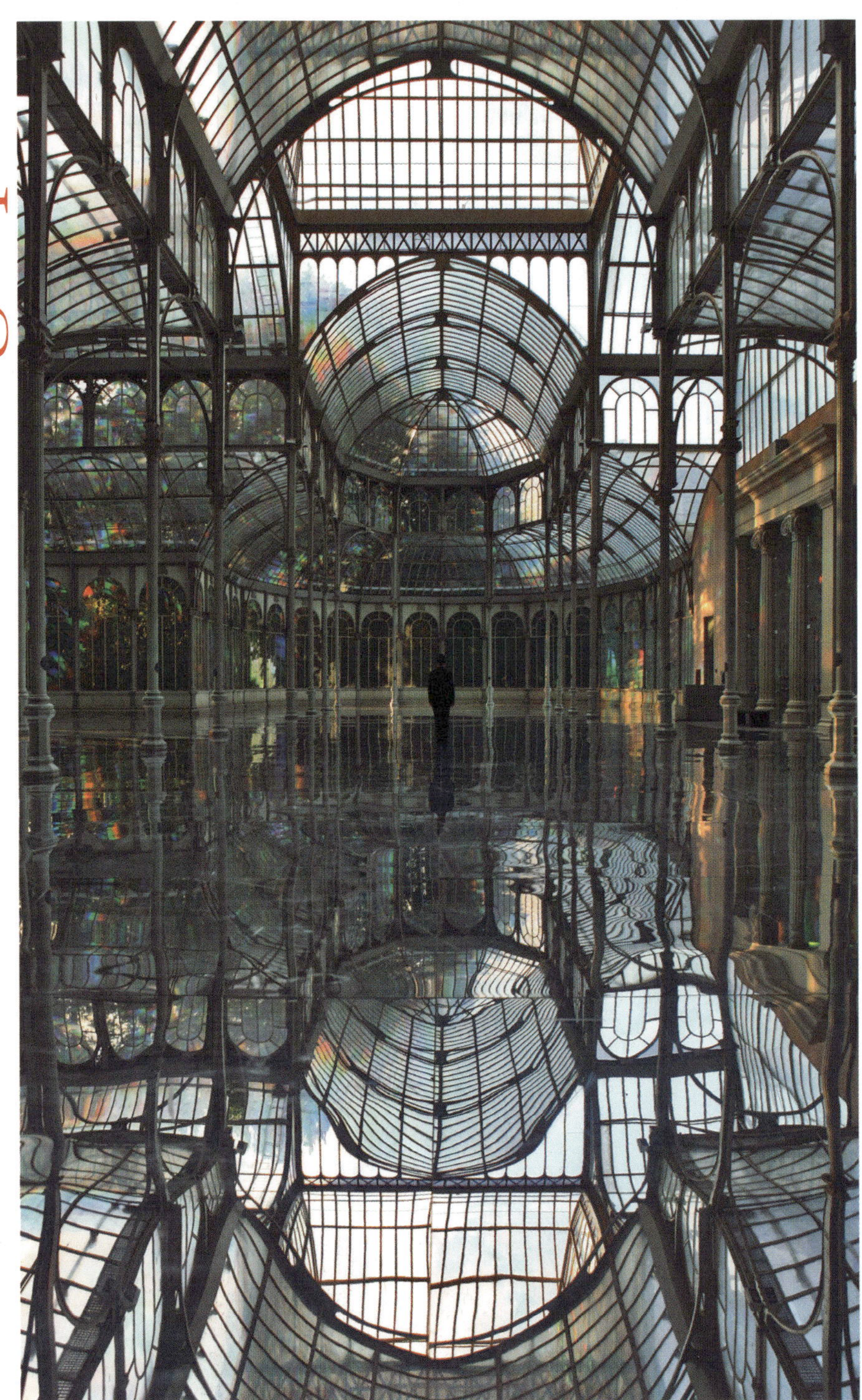

KIMSOOJA

La frontière est la ligne qui traverse mon coeur

Kimsooja est une artiste pluridisciplinaire connue internationalement. Sa pratique artistique se compose de performances, films, photographies, installations *in situ* créées à partir de textiles, lumières et sons. Le travail de Kimsooja, à la fois conceptuel, expérimental et en rapport avec notre milieu proche, amène à une conscience de soi et des autres ; elle interroge les conditions de l'humanité tout en abordant des questions liées à l'esthétique, la culture, la politique et l'environnement. Avec son principe du « non-faire », lequel tire son origine d'enquêtes conceptuelles et structurelles sur la performance à travers les notions de mobilité et d'immobilité, Kimsooja renverse le statut de l'artiste en tant qu'acteur prédominant. L'œuvre de Kimsooja nous invite à questionner notre existence, le monde, et les épreuves majeures auxquelles nous faisons face actuellement.

Les œuvres de Kimsooja ont été exposées dans de nombreux musées et institutions à travers le monde.

Sélection d'expositions personnelles : Peabody Essex Museum, Salem, Etats-Unis (2019) ; Yorkshire Sculpture Park and Chapel, West Bretton, Royaume-Uni (2018-2019) ; Perth Institute of Contemporary Arts (2018) ; Musée des Beaux-Arts de Liechtenstein (2017) ; Musée national d'art moderne et contemporain de Séoul (2016) ; Centre Pompidou-Metz (2015) ; Musée Guggenheim de Bilbao (2015) ; Vancouver Art Gallery (2013) ;
Musée d'Art Moderne de Saint-Etienne (2012) ; Pérez Art Museum Miami (PAMM) (2012) ; Baltic Center for Contemporary Art Gateshead, Royaume-Uni (2009) ; BOZAR, Bruxelles (2008) ; Palais de Cristal, Musée National Centre d'art Reina Sofia, Madrid (2006) ; Musée National d'Art contemporain d'Athènes (2005) ; Museum Kunstpalast Dusseldorf (2004) ; Musée d'Art contemporain de Lyon (2003) ; PAC, Milan (2003) ; Kunsthalle Vienne (2002) ;
Kunsthalle Bern (2001) ; MoMA PS1, New York (2001) ; Rodin Gallery, Leeum Samsung Museum of Fine Art, Seoul (2000) ; ICC Tokyo (2001) ; et CCA Kitakyushu (1999).

Kimsooja a été l'artiste invitée du Pavillon coréen lors de la 55e Biennale de Venise (2013) et elle a représenté la Corée lors de la 26e Biennale de São Paulo (1998). Elle a participé, entre autres, à la Documenta 14 de Cassel, ANTIDORON – The EMST Collection (2017) ainsi qu'aux biennales et triennales internationales de Busan (2016, 2002), Venise (2019, 2013, 2007, 2005, 2001, 1999), Gwangju (2012, 2002, 1995), Moscou (2009), Lyon (2002), Istanbul (1997) et Manifesta 1 (1996).

biography

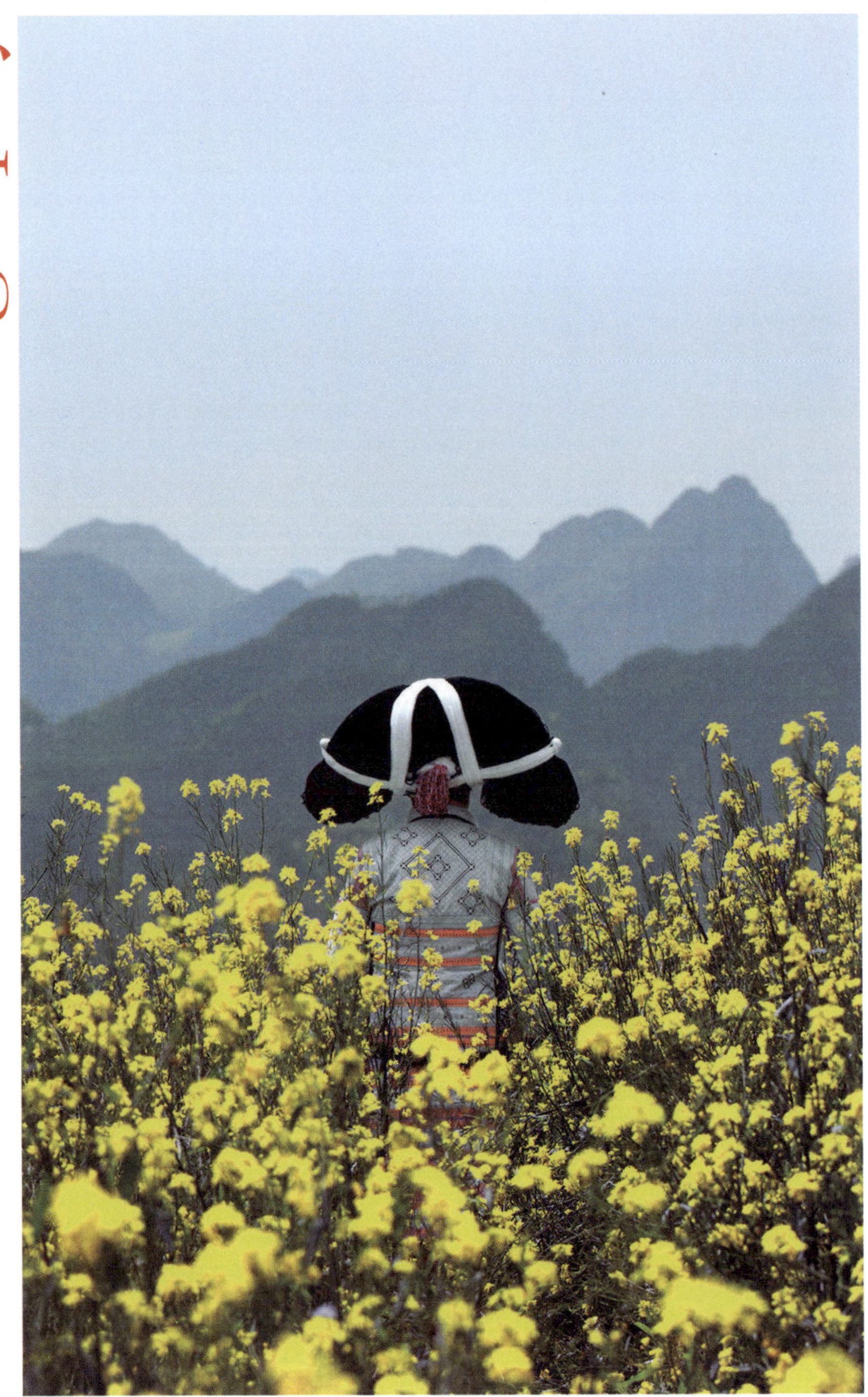

KIMSOOJA

The border is the line that crosses my heart

Kimsooja is an internationally acclaimed conceptual multi-media artist. Her practice combines performance, film, photo, and site-specific installation using textile, light, and sound. Kimsooja's work reaches into conceptual and experiential domains latent in our surroundings and brings us to an awareness of self and others; she investigates questions concerning the conditions of humanity, while engaging issues of aesthetics, culture, politics, and the environment. Her principle of 'nondoing' and 'non-making,' which follows a conceptual and structural investigation of performance through modes of mobility and immobility, inverts the notion of the artist as the predominant actor. Kimsooja's work invites us to question our existence, the world, and the major challenges we are facing in this era.

Kimsooja has exhibited in major museums and institutions around the world.

Solo shows including Peabody Essex Museum, Salem, USA (2019); Yorkshire Sculpture Park and Chapel, West Bretton, UK (2018-2019); Perth Institute of Contemporary Arts (2018); Kunstmuseum Liechtenstein (2017); MMCA Seoul (2016); Centre Pompidou Metz (2015); Guggenheim Museum Bilbao (2015); Vancouver Art Gallery (2013); Museum of Modern Art Saint-Etienne (2012); Pérez Art Museum Miami (PAMM) (2012); Baltic Center for Contemporary Art Gateshead, UK (2009); BOZAR, Brussels (2008); Crystal Palace, Reina Sofia, Madrid (2006); The National Museum of Contemporary Art, Athens (2005); Kunstmuseum Palast Dusseldorf (2004); Museum of Contemporary Art in Lyon (2003); PAC, Milan (2003); Kunsthalle Wien (2002); Kunsthalle Bern (2001); MoMA PS1, New York (2001); Rodin Gallery, Leeum Samsung Museum of Fine Art, Seoul (2000); ICC Tokyo (2001); and CCA Kitakyushu (1999).

Kimsooja represented Korea for the 55th Venice Biennale Korean Pavilion (2013), and for the 26th São Paulo Biennale (1998), participated in Kassel Documenta 14: ANTIDORON – The EMST Collection (2017), and has taken part in international biennials and triennials: Busan (2016, 2002), Venice (2019, 2013, 2007, 2005, 2001, 1999), Gwangju (2012, 2002,1995), Moscow (2009), Lyon (2002), Istanbul (1997), and Manifesta 1 (1996) among others.

avec le soutien et le concours de...

Kimsooja,
***Archive of Mind*, 2019**
Coproduction :
Traversées / Kimsooja – Ville de Poitiers, Métiers du Bois, Le Baron, Bois du Poitou, Cultura, Kimsooja Studio.

Kimsooja,
***To Breathe*, 2019**
(Palais des ducs d'Aquitaine)
Coproduction :
Traversées / Kimsooja – Ville de Poitiers et Kimsooja Studio.

Tadashi Kawamata,
***Nest*, 2019**
Tadashi Kawamata,
***Exit Tunnel*, 2019**
Coproduction :
Traversées / Kimsooja – Ville de Poitiers, Moreau Lathus, Tadashi Kawamata.

Lenio Kaklea, *Encyclopédie Pratique, Détours*, 2019
En coréalisation avec le TAP - Théâtre Auditorium Poitiers.
Concept et chorégraphie : Lenio Kaklea
Interprétation : Jessica Batut, Nanyadji Ka-Gara, Lenio Kaklea, Elisa Yvelin.
Production : abd
Coproduction : PACT Zollverein/Essen, Centre Pompidou/Spectacle Vivant, Festival Faits d'Hiver – Micadanses, *Traversées / Kimsooja* – Ville de Poitiers, TAP/Scène Nationale de Poitiers, Centre National de la Danse Pantin, Le Quartz/Scène Nationale de Brest, Passerelle Centre d'art contemporain, CCN d'Orléans, CDCN/Dijon Bourgogne, Fondation Onassis/Athènes, far° festival des arts vivants/Nyon.
Soutien : Les Laboratoires d'Aubervilliers.
Publication réalisée dans le cadre d'une résidence à la Vila Bloch, Poitiers.

Thomas Ferrand,
***Des Sauvages parmi nous*, 2019**
Coproduction :
Traversées / Kimsooja – Ville de Poitiers, Association Sauvages.
En partenariat avec Restaurant Grand Ours, Otto T (éditions Fblb), Flore Marquis (Risolution), Canon.
Avec la collaboration de Anne Lanciotti.
Création dans le cadre d'une résidence à la Villa Bloch, Poitiers.

Kimsooja,
***Bottari 1999-2019*, 2019**
Coproduction :
Bovis, *Traversées / Kimsooja* – Ville de Poitiers, Kimsooja Studio.

Stephen Vitiello,
***Waves, A Witching Stick and a Space for Melting Bells*, 2019**
Coproduction :
Traversées / Kimsooja – Ville de Poitiers, Stephen Vitiello. En collaboration avec la DRAC Nouvelle-Aquitaine et Société des Antiquaires de l'Ouest.
Création dans le cadre d'une résidence à la Villa Bloch, Poitiers.
Remerciements à Justin Alexander.

Achilleas Souras,
***SOS – Save Our Souls*, 2016**
Courtesy de la municipalité de l'île de Lesbos et de son Maire Spyros Galinos.
SOS – Save Our Souls a été commandé par Patrizia Moroso, avec le soutien de l'UNHCR Europe du Sud pour la Milan Design Week 2017.

Rirkrit Tiravanija,
***Untitled 2018 (the infinite dimensions of smallness)*, 2019**
Coproduction :
Galerie Chantel Crousel, *Traversées / Kimsooja* – Ville de Poitiers, Studio Tiravanija.
Avec la collaboration de Bambouscoopic.

Les Manteaux de la Vierge
Ensemble de la Paroisse de la Trinité, église Notre-Dame-la-Grande.

Tomoko Sauvage,
***In Curved Water*, 2019**
En coréalisation avec Le Lieu multiple - Espace Mendès-France.

Exposition « Landscape of beings », 2019, Confort Moderne
En coréalisation avec le Confort Moderne.
A l'occasion de *Traversées / Kimsooja*, le Confort Moderne accueille l'exposition « Landscape of beings », qui fait entrer en écho les œuvres :
To Breathe (2019)
Coproduction :
Le Confort Moderne, *Traversées / Kimsooja* – Ville de Poitiers, Kimsooja Studio.
Encounter, A mirror woman (2017);
Courtesy : Axel Vervoordt Gallery et Kimsooja Studio.
Mandala : Zone of Zero (2004-2010) ;
Courtesy : Galerie Tschudi et Kimsooja Studio.
A Needle Woman (2009);
Courtesy : Kimsooja Studio.
Landscape of beings est une proposition de Kimsooja, Emma Lavigne et Emmanuelle de Montgazon.
Commissaires associés : Yann Chevallier et Sarina Basta.

with the support and the help of...

Taylor Deupree et Stephen Vitiello, *Duet*, 2019
En co-réalisation avec le Confort Moderne.

Min Tanaka, *Locus Focus*, 2019
Avec le soutien de : Ministère de la Culture (DGCA), Japan Foundation, Grenouilles Production.

Myriam Boucher et Ars Nova
En co-réalisation avec Ars Nova.
Création dans le cadre d'une résidence à la Villa Bloch, Poitiers.

L'Art Médiéval est-il contemporain ? Acte IV
En co-réalisation avec le Centre d'études supérieures de civilisations médiévales (CESCM), la Médiathèque François Mitterrand et son réseau.
Avec la collaboration de la Bibliothèque Nationale de France (BNF) et de l'Institut National d'Histoire de l'Art (INHA).

Ensemble 0, *Elpmas*, 2019
En coréalisation avec le TAP – Théâtre Auditorium de Poitiers.
Interprétation : Stéphane Garin (bombo, marimba, xylophone), Julien Garin (bombo, marimba, glockenspiel), Amélie Grould (marimba, xylophone), Barbara Hüenninger (viole de gambe), Vincent Malassis (électronique), Joël Mérah (banjo, cithare), Julien Pontvianne (saxophone ténor, clarinette), Macadam Ensemble, Étienne Ferchaud (direction, voix), Jean-Baptiste Craipeau, Ryan Veillet, Vincent Lièvre-Picard (voix).
Avec les voix de Tomoko Sauvage, Vanille Fiaux, Jonathan Seilman.

Kimsooja, *Thread Routes VI*, 2019
Coproduction : *Traversées / Kimsooja* – Ville de Poitiers, Kimsooja Studio.
Rermerciements : Immanuel Hick, Hee-Seong Han, Thierry Depagne, Jaeho Chong, Joscha Eickel, Michael Lantz, MalotekNYC, Larry Schmitt, Quentin Chiappetta, Sophia Lahlil, Lisa Gisselbrecht, Sarah McCabe, Freeman Schlesinger, abel aflam.

Kimsooja, *A Homeless Woman-Delhi*, 2000
Courtesy : Galerie Kewenig / Berlin, Kimsooja Studio.

Subodh Gupta, *Cooking the world*, 2019
Coproduction : Galleria Continua / San Gimignano, *Traversées / Kimsooja* – Ville de Poitiers, Subodh Gupta.
En partenariat avec la Maison de l'Architecture de Poitiers en Nouvelle-Aquitaine.

Kimsooja, *Mumbai : A Laundry Field*, 2007
Filmé par Vishwanath Math.
Courtesy : Galerie Kewenig, Cologne, Kimsooja Studio.

Kimsooja, *Bottari Truck-Migrateurs*, 2007
Peugeot 404 (1976).
Courtesy : Galerie Kewenig / Berlin, et Kimsooja Studio.
Avec le soutien de Galerie Kewenig.

Kimsooja, *Bottari Truck-Migrateurs*, vidéo, 2007
Collection MAC VAL - Musée d'art contemporain du Val-de-Marne.

Kimsooja, *Planted names,* 2002
Courtesy : Kimsooja Studio.

avec le soutien et le concours de...

Kimsooja,
***Bottari,* 2017**
Courtesy :
Galerie Kewenig / Berlin.
Avec le soutien de Galerie Kewenig.

Kimsooja,
***A Needle Woman Kitakyushu*, 1999**
Courtesy :
Kimsooja Studio.

Sammy Baloji,
***Tales of the Copper Cross Garden*, 2018**
Les petits Chanteurs à la Croix de Cuivre – partie de l'installation *Tales of the Copper Cross Garden.*
Photographie d'archive, courtesy :
Musée Royal de Centre Afrique, Tervueren. Collection MRAC Tervuren, tous droits réservés.
Courtesy :
Sammy Baloji et Galerie Imane Farès.

Sammy Baloji,
***Untitled*, 2016**
Courtesy :
Sammy Baloji, Twenty Nine studio Production.

Kimsooja,
***Solarescope,* 2019**
Coproduction :
Ville de Poitiers, Kimsooja Studio.

Lee Mingwei,
***The Mending Project*, 2009-2019**
Collection de Rudy Tseng.
Courtesy :
Studio Lee Mingwei.

Kimsooja,
***Thread Routes I, II, III*, 2010, 2011, 2012**
Courtesy :
Kukje Gallery / Seoul, Kimsooja Studio. Collection: Axel Vervoordt Gallery.

Jung Marie,
***The Song of the Long-lasting Joy*, 2019**
Remerciements à la Paroisse de la Trinité.

Kimsooja,
***Bottari – A Family*, 2019**
Courtesy :
Kimsooja Studio

Cie L'Homme debout,
***Mo et le ruban rouge*, 2019**
Coordination artistique :
Benoît Mousserion, Equipe : Mathieu Marquis, Erwan Créhin, Adrien Toulouse, Thomas Baudriller, Anne Marquis, Virginie Dumeix, Maïa Frey, François Martin, Jean-Noël Prosper, Johan Pires, Laurent Boulé, Yorrick Tabuteau, Benjamin Ladjadj, Bérangère Pajaud, Ludivine Rémy, Sébastien Guillet, Sandrine Petit, Aurélie Émerit.
Coproduction :
Sur Le Pont / CNAREP (La Rochelle), / Le Fourneau / CNAREP (Brest), HAMEKA - Fabrique des arts de la rue (Louhossoa), Le Parapluie / CNAREP (Aurillac).
Avec le soutien de :
Ville de Poitiers, Région Nouvelle-Aquitaine, OARA, Le Grand Moulin / CNAREP (Garges-lès-Gonesse).

partenaires et organisations

Traversées / Kimsooja
est un événement organisé par la Ville de Poitiers, avec le soutien de partenaires publics

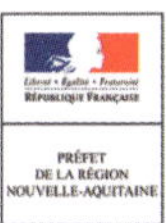

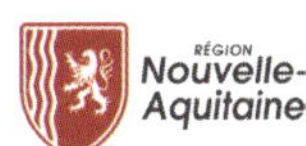

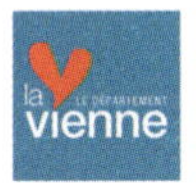

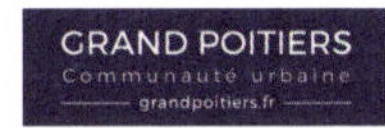

Traversées / Kimsooja
bénéficie également du soutien de partenaires privés

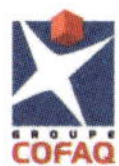

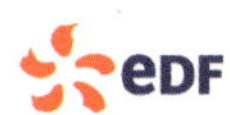

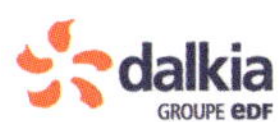

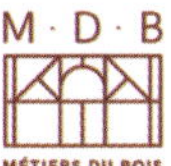

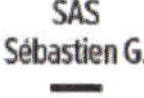

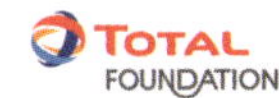

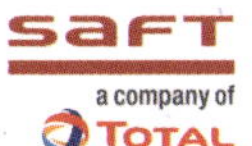

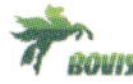

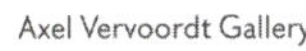

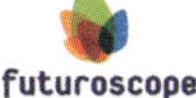

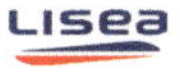

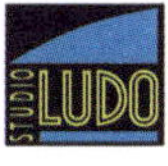

KEWENIG
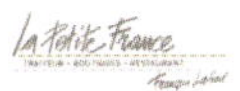

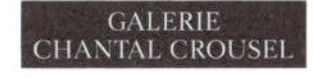

Ainsi que

Galleria Continua, Le Baron, Ordre des experts comptables Poitou-Charentes Vendée, hôtel Mercure Poitiers Centre, Mutuelle de Poitiers Assurances, restaurant Les Archives, boulangerie Émile, Bois du Poitou, Crédit Agricole de la Touraine et du Poitou, Moreau Lathus, Orange, Cultura, Défiplanet et L&A Commerce.

Partenaires médias

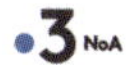

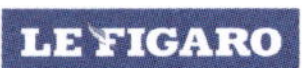

Inrockuptibles
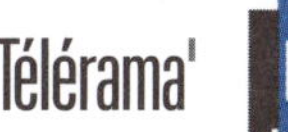

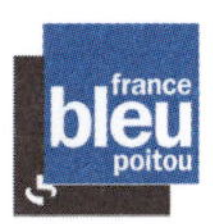

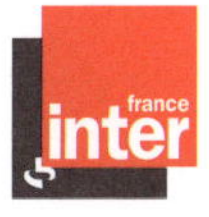

remerciements

Direction artistique / **Artistic direction :** Emma LAVIGNE et Emmanuelle de MONTGAZON

Chargée de recherche et assistante de la direction artistique / Head of research and assistant to the artistic direction : Lisa GISSELBRECHT-HOFFMANN

Organisation et coordination / Organization and coordination : Ville de Poitiers

Directrice Générale Culture Patrimoine / General director of Culture and Heritage : Hélène AMBLÈS

Coordination générale / General coordination / *Traversées*: Nadège GAUTHIER

Régie générale / General registration / *Traversées* : Bertrand COQUIN et / and Josué FILLONNEAU

Médiation, Relations publiques / Mediation, public relations / *Traversées* : Camille TOULLELAN

Médiateurs culturels / Cultural mediators / *Traversées* : Benoit BARRANGER, Marie BONA, Shu-Mei CHIU, Déborah DAUFIN, Anaëlle DOIDY, Elise JAMES, Vincent KOSELLEK, Sébastien LEFEBVRE, Alexis MORANGE, Eloïse PICQUET

Stagiaires assistantes de médiation / Interns assistant mediation / *Traversées* : Adèle GRILLET, Jeanne VINCENT

Mécénat et partenariats / Sponsoring and partnership : Virginie BRUNEAU-CHABOSSEAU

Relations presse / Media relations : Agence Heymann Renoult Associées, et la Direction de la Communication Ville de Poitiers

Graphisme / Graphism *Traversées* : Agence Antimatière, Sébastien MOINET

TECHNIQUE / TECHNICAL TEAMS

Equipe de montage des œuvres :

Achilleas Souras, SOS-Save Our Souls : Julie BERNARD, Frédérique MELIN, Marine ROUSSEL

Jung Marie : David CLASTRIER

Kimsooja, Archive of mind : les entreprises Ferronnerie d'art française, les Métiers du Bois, SARL Lebaron, Gedibois, et Robert BARTON

Kimsooja, Bottari 1999-2019 : Bovis

Peinture : Juan-Carlos Pineda-Guevara et Marie-Jeanne Guillet

Kimsooja, Bottari Trucks-Migrateurs : Cédric RAVIER, Franck ROBERT

Kimsooja, Structure *Mumbai : A Laundry Field* : Laurent BOULE, Charly PIN, Ronan VIRONDAUD

Kimsooja, Landscape of beings : l'équipe du Confort Moderne et Agi Box

Kimsooja, Solarescope : Jérôme DESCHAMPS

Kimsooja, Structure *Thread routes* et *Kimsooja, To Breathe* / Tour Maubergeon : Robert BARTON, Gwendal OLLIVIER, Johann OLLIVIER, Gwenaël PAYEN, David PIZY, Cédric RAVIER, Franck ROBERT, Nicolas TOUZALIN

Kimsooja, To Breathe / Atelier Canopé et église Sainte-Radegonde : entreprise Gaschet

Kimsooja, To Breathe-The Flags : Anthony CHARRON, François COITEUX, Xavier WOERLY

Lee Mingwei, The Mending Project : Philippe ARTHUS, Fabrice BEGOIN, Emmanuel LUIS. Eclairage : Jean-François MAGNAN, Laurent VALLET.

Conception étiquettes : Stéphanie COUSSAY

Rirkrit Tiravanija, Untitled 2018 (the infinite dimensions of smallness) : SCIC Bambouscoopic, Karl BOUET, Laurent BOULET, Charly PIN, Johan PIRES

Sammy Baloji, Tales of the Copper Cross Garden : Cédric MOUTIER, Gwenaël PAYEN, Cédric RAVIER, Franck ROBERT

Subodh Gupta, Cooking the World : Cédric MOUTIER, Johann OLLIVIER, Gwenaël PAYEN, Cédric RAVIER, Louis RIBOUILLAULT, Franck ROBERT, Basile ROUVRAY, et l'équipe de Ad Arte

Tadashi Kawamata, Nest : l'artiste, accompagné de Guillaume SOKOLOFF et Franck ROBERT

Tomoko Sauvage, In curved water : Alain CHAUTARD, Patrick TREGUER

L'Art médiéval est-il contemporain ? : Cécile VOYER, Jean-François MAGNAN, et l'équipe de la Médiathèque François-Mitterrand

Vitrines manteaux de la vierge : Jean-François MAGNAN, Laurent VALLET

Logistique Palais des ducs d'Aquitaine / Logistics Palais of the dukes of Aquitaine :

Laurent BOULE, Francois COITEUX, David HAZEBROUCQ, Pierre HEBRAS, Benjamin LADJAJ, Baptiste LECHUGA, Adrien TOULOUSE

Et le concours des entreprises / And the help of the companies :

Bovis, Geste scénique, Prisme, Scène de nuit, Sonomax, Studio Ludo, Tedelec

Aménagement du Palais des ducs d'Aquitaine et du musée Sainte-Croix / Arrangement of the Palais of the dukes of Aquitaine and of the Museum Sainte-Croix : Directions Construction et Immobilier Ville de Poitiers

Ainsi que l'ensemble des services de la collectivité qui a contribué à la mise en place de l'événement. / As well as all the services of the community that contributed to the event.

acknowledgements

Nous tenons à remercier tout particulièrement les artistes ainsi que leurs équipes, les galeries, les prêteurs / We would like to especially thank the artists and their teams, galeries and lenders :
Teresa Acevedo, Justin Alexander, Sammy Baloji, Federico Bastiani, Myriam Boucher, Galleria Continua, Compagnie l'Homme debout, Amaury Cornut, Daphne Chu, Galerie Chantal Crousel, Ensemble 0, Taylor Deupree, Galerie Imane Farès, Thomas Ferrand, FMAC, Lou Foster, Stéphane Garin, Prateek Gupta, Subodh Gupta, Rin Ishihara, Jung Marie, Lenio Kaklea, Tadashi Kawamata, Galerie Kewenig, Kimsooja, Kimsooja Studio, Anne Lanciotti, Flore Marquis, Lee Mingwei, Patrizia Moroso, Murailles Music, Otto T., Jan Pfeiffer, Association Sauvage, Tomoko Sauvage, Pierre Simon, Guillaume Sokoloff, Achilleas Souras, Super Loto Editions, Min Tanaka, Mio Teycheney-Takashiro, Rirkrit Tiravanija, Galerie Tschudi, Rudy Tseng, Mai Ueda, Laurent Vinauger, Axel Vervoordt Gallery, Stephen Vitiello, Sandy Wong.

Nous souhaitons témoigner notre reconnaissance aux lieux partenaires de *Traversées / Kimsooja*, et plus particulièrement / We are very grateful to all of the welcoming places of *Traversées / Kimsooja*, and in particular :
TAP – Théâtre Auditorium de Poitiers : Jérôme Lecardeur, Christophe Potet et Bernard Mouchon
Ars Nova : Jean-Michaël Lavoie, Laurence Dune, Charlotte Le Sourd
Maison de l'Architecture : Frédérique Lacroix Atelier Canopé 86 :
Dominique Quella-Villegier, Julie Wozniak Les églises Notre-Dame-la-Grande et Sainte-Radegonde :
Père Philippe Genty, Paroisse de la Trinité. Le restaurant Grand Ours :
Anthony Bonnin et son équipe musée Sainte-Croix :
Pascal Faracci, Raphaëlle Martin-Pigalle, Cécile Le Bourdonnec Espace Mendès-France – Le Lieu Multiple :
Patrice Tréguer
Confort Moderne :
Yann Chevallier, Sarina Basta, Laurent Philippe, Blandine Houtekins, Jean-Michel Rousseau Médiathèque François-Mitterrand :
Jean-Louis Glénisson, Céline Blanchet, Florent Palluault, Marina Nacher Le baptistère Saint-Jean :
Société des Antiquaires de l'Ouest, DRAC Nouvelle-Aquitaine, Centre des Monuments Nationaux

Aux agents de la Direction Coordination Culture Patrimoine / Ville de Poitiers, qui ont accompagné toute l'organisation de l'événement. / To the agents of the Direction Coordination Culture Heritage / City of Poitiers who accompanied the organization of the event.

Ainsi qu'à l'ensemble des institutions partenaires / And to all of our partner institutions :
Association Armmelhisca, Ars Nova, Atelier Canopé / 86, Les Ateliers du Panorama, Beaux-arts / école d'arts plastiques de Grand Poitiers - Le Miroir, BNF - Bibliothèque Nationale de France, La Cavale, CCAS de Poitiers, Centre socio-culturel de la Blaiserie, CESCM, Chantier public, Cité Internationale des Arts, Comédie Poitou-Charentes, Conservatoire à Rayonnement Régional de Grand Poitiers, CROUS, Les Cyclotouristes Poitevins, Confort Moderne, EESI, Espace Mendès-France - Lieu multiple, Fablab des Usines / Ligugé, La Fanzinothèque, Collectif Filigrane, Gare & Connexion, restaurant Grand Ours, Grenouille Productions, Compagnie L'Homme debout, INHA - Institut National de l'Histoire de l'Art, The Japan Foundation, Maison de l'Architecture de Poitiers en Nouvelle-Aquitaine, Maison Départementale de la Solidarité, Médiathèque François-Mitterrand et son réseau, Ministère de la Culture (DGCA), musée Sainte-Croix, Office de tourisme de Grand Poitiers, association franco-japonaise Omotenashi, Orchestre des Champs Elysées, association Orgues à Poitiers, Paroisse de la Trinité, Pic la poule, PoCollectif, Rectorat de l'Académie de Poitiers, Société des Antiquaires de l'Ouest, SPN-Réseau des Entreprises du Numérique TAP – Théâtre Auditorium de Poitiers, restaurant le Taj Mahal, Université de Poitiers...

Et à tous les ambassadeurs de *Traversées / Kimsooja* qui ont pris part au projet / And to all the ambassadors of *Traversées / Kimsooja* who took part in the project.

crédits photographiques

p. 1 – Couleurs traditionnelles de l'Obangsaek © Kimsooja Studio

p. 2 – Kimsooja, *Bottari Truck*, 2005. Détail d'installation au Magasin 3. Courtesy Collection Magasin 3 Stockholm Konsthall, Kewenig Gallery, Berlin, et Kimsooja Studio © Martin Runeborg

p. 8-9 - Plan de la ville de Poitiers © Sébastien Moinet

p. 12-13 – Kimsooja, *Mumbai: A Laundry Field*, 2007, capture d'écran, filmé par Vishwanath Math. Courtesy Kewenig Gallery, Cologne & Kimsooja Studio. Collection Kunstmuseum, Lichtenstein

p. 20-21 – Kimsooja, *Bottari*, 1995. Vue d'installation à l'île de Yongyou, Corée. Courtesy Kimsooja Studio ©Ju Myung Duk

p. 22-23 – Kimsooja, *Archive of Mind*, 2016, Installation Kimsooja / Archive of Mind MMCA, Seoul. Courtesy MMCA et Hyundai Motor Co., Axel Vervoordt Gallery et Kimsooja Studio © Jeon Byung Cheol

p. 24 – Kimsooja, *Archive of Mind,* 2019. Courtesy *Traversées / Kimsooja* - Ville de Poitiers, Kimsooja Studio © Sébastien Laval

p. 25 – Kimsooja, *Thread Routes VI,* 2019. Courtesy *Traversées / Kimsooja*, Ville de Poitiers, Kimsooja Studio © Thierry Depagne

p. 27 – Tadashi Kawamata, *Nest*, 2019. Courtesy *Traversées / Kimsooja,* Ville de Poitiers, Tadashi Kawamata © Yann Gachet

p. 29 – Tadashi Kawamata, *Exit Tunnel,* 2019. Courtesy *Traversées / Kimsooja -* Ville de Poitiers, Tadashi Kawamata © Yann Gachet

p. 31-33 - Subodh Gupta,Cooking the World, 2017. Art Basel Unlimited. Courtesy : Subodh Gupta et la Galleria Continua, San Gimignano, Beijing, Les Moulins, Habana © Sebastiano Pellion

p. 35 – Kimsooja, *Mumbai: A Laundry Field*, 2007. Courtesy Kewenig Gallery Berlin, Kimsooja Studio © Niteen Kasle

p. 35 – Kimsooja, *Mumbai: A Laundry Field*, 2007, capture, filmé par Vishwanath Math. Courtesy Kewenig Gallery, Cologne & Kimsooja Studio. Collection Kunstmuseum, Lichtenstein

p. 37 – Kimsooja, *Mumbai: A Laundry Field*, 2007, captures d'écran, filmé par Vishwanath Math. Courtesy Kewenig Gallery, Cologne & Kimsooja Studio. Collection Kunstmuseum, Lichtenstein

p. 39 – Kimsooja, *Bottari Truck-Migrateurs*, 2007. Collection MAC VAL – Musée d'art contemporain du Val de Marne © Kimsooja

p. 40-41 – Kimsooja, *Cities on the Move: 2727 Kilometers Bottari Truck*, Korea, 1997. Courtesy Kimsooja Studio

p. 43 – Kimsooja, *Bottari*, 2017. Courtesy Galerie Kewenig, Kimsooja Studio © Kimsooja

p. 44 – Kimsooja, Solarescope, 2019. Courtesy Kimsooja Studio © Kimsooja

p. 47 – Achilleas Souras, *SOS - Save Our Souls*, 2016 © Joël Matthias Henry

p. 48 – 49 – Kimsooja, *A Needle Woman*, 1999 – 2001, capture d'écran de "Delhi". Courtesy Kimsooja Studio

p. 51-53 – Kimsooja, *Thread Routes VI*, 2019. Courtesy *Traversées / Kimsooja*, Ville de Poitiers, Kimsooja Studio © Thierry Depagne

p. 55 – Vues des répétitions, *Encyclopédie pratique*, Détours, 2019 © Alexia Caunille

p. 57 – Kimsooja, *Planted Names*, 2002. Courtesy Spoleto festival, Kimsooja Studio © Ryan King

p. 59 – Kimsooja, *A Homeless Woman - Delhi*, 2000. Courtesy Kewenig Gallery, Berlin, Kimsooja Studio

p. 60 – Sammy Baloji, *Tales of the Copper Cross Garden*, 2017. Courtesy Musée Royal de Centre Afrique, Tervueren, Sammy Baloji, Galerie Imane Farès

p. 61 – Sammy Baloji, Sans titre. Vue d'exposition *Arracher quelques bribes précises au vide qui se creuse*. Galerie Art & Essai. Rennes, 2018

p. 63 – Sammy Baloji, *Tales of the Copper Cross Garden*, 2017. Courtesy Musée Royal de Centre Afrique, Tervueren, Sammy Baloji, Galerie Imane Farès

p. 65 – © Thomas Ferrand

p. 67 – Thomas Ferrand, *Des Sauvages parmi nous*, 2019 © Marine Broussaud

p. 68 à 71 – Rirkrit Tiravanija, *Untitled 2018 (the infinite dimensions of smallness)*, Ng Teng Fong Roof Garden Commission, National Gallery Singapore. Courtesy National Gallery Singapore, Studio Tiravanija

p. 73 – Kimsooja, *Thread Routes I*, 2010, capture d'écran. Collection National Museum of Modern and Contemporary Art, Korea. Courtesy Kukje Gallery, Seoul, Kimsooja Studio

photo credits

p. 74 – Kimsooja, *Thread Routes II*, 2011, capture d'écran. Courtesy Kimsooja Studio

p. 75 – Kimsooja, *Thread Routes III*, 2012, capture d'écran. Courtesy Kimsooja Studio

p. 77 – *Manteaux de la Vierge* © Yann Gachet

p. 79 – Lee Mingwei, *The Mending Project, 2009/2019*. Collection de Rudy Tseng, courtesy Traversées / Kimsooja – Ville de Poitiers, Lee Mingwei © Yann Gachet

p. 81 – Kimsooja, *A Needle Woman - Paris*, 2009. Commandé par Nuit Blanche Paris, 2009. Courtesy Fond municipal d'art contemporain Ville de Paris, Axel Vervoordt Gallery, Kimsooja Studio

p. 82, 83 – Kimsooja, *To Breathe: Bottari*, 2013, vue du Pavillon coréen, 55e Biennale de Venise. Courtesy Arts Council Korea, Kimsooja Studio © Jaeho Chong

p. 85 – Kimsooja, *To Breathe*, 2019. Courtesy Traversées / Kimsooja – Ville de Poitiers, Kimsooja Studio © Yann Gachet

p. 86 – Chapelle des Augustins © Yann Gachet, Ville de Poitiers

p. 87 – Kimsooja, *A Needle Woman – Kitakyushu*,1999. Courtesy Kimsooja Studio

p. 89 – Kimsooja, *To Breathe*, 2019. Courtesy Yorkshire Sculpture Park, Kimsooja Studio © Mark Reeves

p. 91 – Kimsooja, *To Breathe*, 2017. Vue d'installation au Perth Institute of Contemporary Arts, Perth, 2018. Commandé par Perth Institute of Contemporary Arts. Courtesy du Perth Institute of Contemporary Arts, Perth, Galleria Rafaella Cortese, Milan, Kimsooja Studio © Alessandro Bianchetti

p. 92 – François Nautré, *Le siège de Poitiers par l'amiral Gaspard de Coligny en 1569*, 1619. © Musée de Poitiers

p. 93 – Kimsooja, *A Laundry Woman*, 2002. Courtesy Kunsthalle Wien, Kimsooja Studio © Christian Wachter

p. 95 – Stephen Vitiello, *Something like fireworks* © Richard Howard

p. 97 – Kimsooja, *To Breathe/Respirare*, 2018. Installation à la Basilique Sant'Eustorgio. Courtesy Raffaella Cortese Gallery, Milan, Kimsooja Studio © Paola di Bello

p. 99 – Jacques Aymer de la Chevalerie, Sainte Radegonde, 1899 © musées de Poitiers, Ch. Vignaud

p. 99 – Jung Marie © Shin Ohseok

p. 101 – Tomoko Sauvage. Temporäre Gallery CR², Berlin © Jens Ziehe

p. 103-105 – Kimsooja, *Encounter - A Mirror Woman*, 2017, Vue d'installation, Axel Vervoordt Gallery, 2018. Courtesy Axel Vervoordt Gallery, Kimsooja Studio © Sebastian Schutyser

p. 107 – *Kimsooja, Mandala: Zone of Zero*, 2004-2010. Courtesy Galerie Tschudi et Kimsooja Studio

p. 109 – Recording Session, Fish House, (Captiva, Florida) © Taylor Deupree

p. 110 – Min Tanaka - Michel Foucault © Keiichi Tahara

p. 111 – Min Tanaka, *Locus Focus* © Madada Inc

p. 112-113 – Thomas Ferrand à la Villa Bloch © Yann Gachet

p. 114 – L'Homme Debout © Michel Wiart

p. 117 – Moondog © Stefan Lakatos

p. 118-119 – Dessin extrait du livre-disque Elpmas Revisited (composed by Moondog), Super Loto Editions, Murailles Music, Ici d'Ailleurs, 2018 © Guillaume Trouillard / Super Loto Editions, Murailles Music, Ici d'Ailleurs

p. 121 – L'art médiéval est-il contemporain ? Détail Evangile de Sainte-Croix

p. 122-123 – Kimsooja, *Thread Routes III*, 2012. Courtesy *Traversées /Kimsooja* - Ville de Poitiers, Kimsooja Studio, courtesy Axel Vervoordt Gallery © Yann Gachet

p. 124 – Kimsooja, *Respirar - Una Mujer Espejo / To Breathe - A Mirror Woman, 2006*. Palais de Cristal, Madrid. Courtesy Museo Nacional Centro de Arte Reina Sofía, La Fabrica, Madrid, Kimsooja Studio © Jaeho Chong

p. 126 – Kimsooja, *Thread Routes IV*, 2014, capture d'écran. Courtesy Kimsooja Studio

Couverture / Cover :
Kimsooja, *Mumbai: A Laundry Field*, 2007, capture d'écran / still, filmé par / filmed by Vishwanath Math.
Courtesy Galerie Kewenig et Kimsooja Studio. Collection Kunstmuseum, Lichtenstein

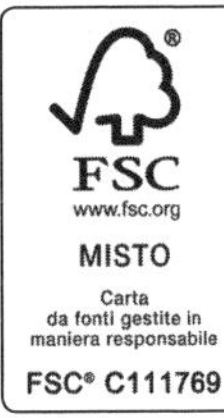

Direction d'ouvrage
Direction
Emma Lavigne, Emmanuelle de Montgazon
avec le concours de
with the help of
Lisa Gisselbrecht

Coordination éditoriale
Editorial coordinator
Lisa Gisselbrecht

Textes
Texts
Hélène Amblès, Nadège Gauthier, Lisa Gisselbrecht, Emma Lavigne, Emmanuelle de Montgazon, Camille Toullelan

Traductions
Translations
De l'anglais vers le français
From English to French
Lisa Gisselbrecht

Du français vers l'anglais
From French to English
Rachel Valinsky

Révisions et relectures
Review and proofreading
Emma Lavigne, Emmanuelle de Montgazon, Lisa Gisselbrecht, Kimsooja Studio, Nadège Gauthier, Hélène Amblès

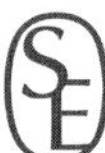

Silvana Editoriale

Direction éditoriale / Direction
Dario Cimorelli

Directeur artistique / Art director
Giacomo Merli

Coordination d'édition / Editorial coordinator
Sergio Di Stefano

Rédaction / Copy Editor
Noa Strada

Conception graphique / Graphic Design
Paola Sonia Pistoia

Organisation / Production Coordinator
Antonio Micelli

Secrétaire de rédaction / Editorial Assistant
Ondina Granato

Iconographie / Photo Editor
Alessandra Olivari, Silvia Sala

Bureau de presse / Press Office
Lidia Masolini
press@silvanaeditoriale.it

Dépôt légal
octobre 2019

Silvana Editoriale S.p.A.
via dei Lavoratori, 78
20092 Cinisello Balsamo, Milano
tél. + 39 02 453 951 01
fax + 39 02 453 951 51
www.silvanaeditoriale.it

Les reproductions, l'impression et la reliure ont été réalisées en Italie
Achevé d'imprimer en october 2019

Reproductions, printing and binding in Italy
Printed October 2019